Inhalt

Vorwort und Anmerkungen zur Arbeit mit dem Material 2

Ziffern 3
- Zahlen schreiben 3
- Zahlen-Malbilder 13

Mengen 14
- Mengen strukturieren 14
- Mengen erfassen mit dem Zehnerfeld 18

Zahlenreihen 21
- Zahlenreihen ergänzen 21
- Vorgänger und Nachfolger ergänzen 22

Addition 23
- Zahlen zerlegen 23
- Addieren mit Bildern 24
- Addieren mit dem Zehnerfeld 25
- Addieren mit zwei Zahlen 26
- Addieren mit Zahlenmauern 28
- Addieren mit drei Zahlen 29
- Addieren mit Zahlenrädern 30

Subtraktion 31
- Subtrahieren mit Bildern 31
- Subtrahieren mit dem Zehnerfeld 32
- Subtrahieren mit zwei Zahlen 33
- Subtrahieren mit drei Zahlen 35

Gemischte Aufgaben 36
- Rechenhäuser 36
- Umkehraufgaben 37
- Rechen-Malbilder 39
- Erst zur 10 und dann weiter 41

Arbeitsplan 42

Vorwort und Anmerkungen zur Arbeit mit dem Material

Liebe Kollegen[1],

mit diesem 5-Minuten-Training können Ihre Schüler in kleinen Einheiten die Ziffern und das Rechnen im Zahlenraum bis 10 üben. Ob während der Freiarbeitsphasen, als Hausaufgaben oder wenn die anderen Aufgaben erledigt sind: Die vorliegenden Seiten fördern die Rechenkompetenz und ermöglichen den Kindern ein selbstständiges Arbeiten.

Die Seiten sind so aufgebaut, dass sie in der Mitte geteilt werden und zu einem kleinen Heftchen zusammengebunden werden können. Somit erhält jedes Kind sein eigenes Rechenheftchen. Sie können die einzelnen Karteikarten aber auch laminieren und im Freiarbeitsregal allen Kindern zur Verfügung stellen.

Die Karteikarten steigern sich in der Schwierigkeit. Zunächst wird das Schreiben der Ziffern geübt, anschließend werden Mengen erfasst. Fortgeführt werden die Seiten dann mit Zahlenreihen, Nachbarzahlen, Addition, Subtraktion sowie Zahlenmauern im Zahlenraum bis 10.

Durch das Anmalen der kleinen Bildchen auf dem Arbeitsplan lernen die Schüler das Rechnen auf motivierende Weise.

So macht Ihrer Klasse das Rechnen Spaß!

Klara Kirschbaum

[1] Wir sprechen hier wegen der besseren Lesbarkeit von Schülern bzw. Lehrern in der verallgemeinernden Form. Selbstverständlich sind auch alle Schülerinnen und Lehrerinnen gemeint.

Ziffern

Zahlen schreiben

1

1

Kreise ein. Immer 1.

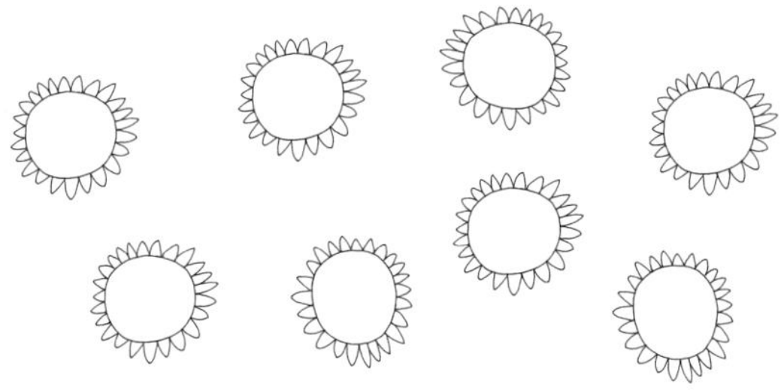

Erledigt am: ______________________

So hat's geklappt:

Ziffern

Zahlen schreiben

2

1

Finde die 1. Male sie an.

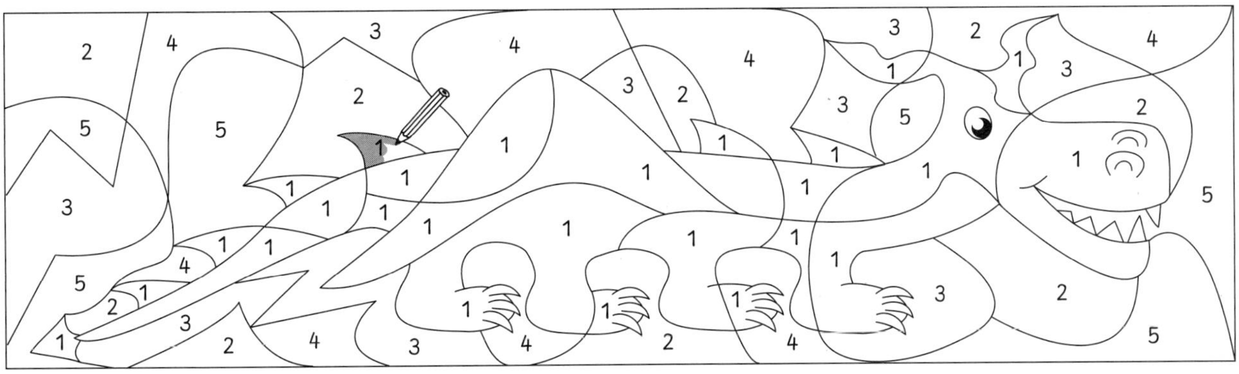

Erledigt am: ______________________

So hat's geklappt:

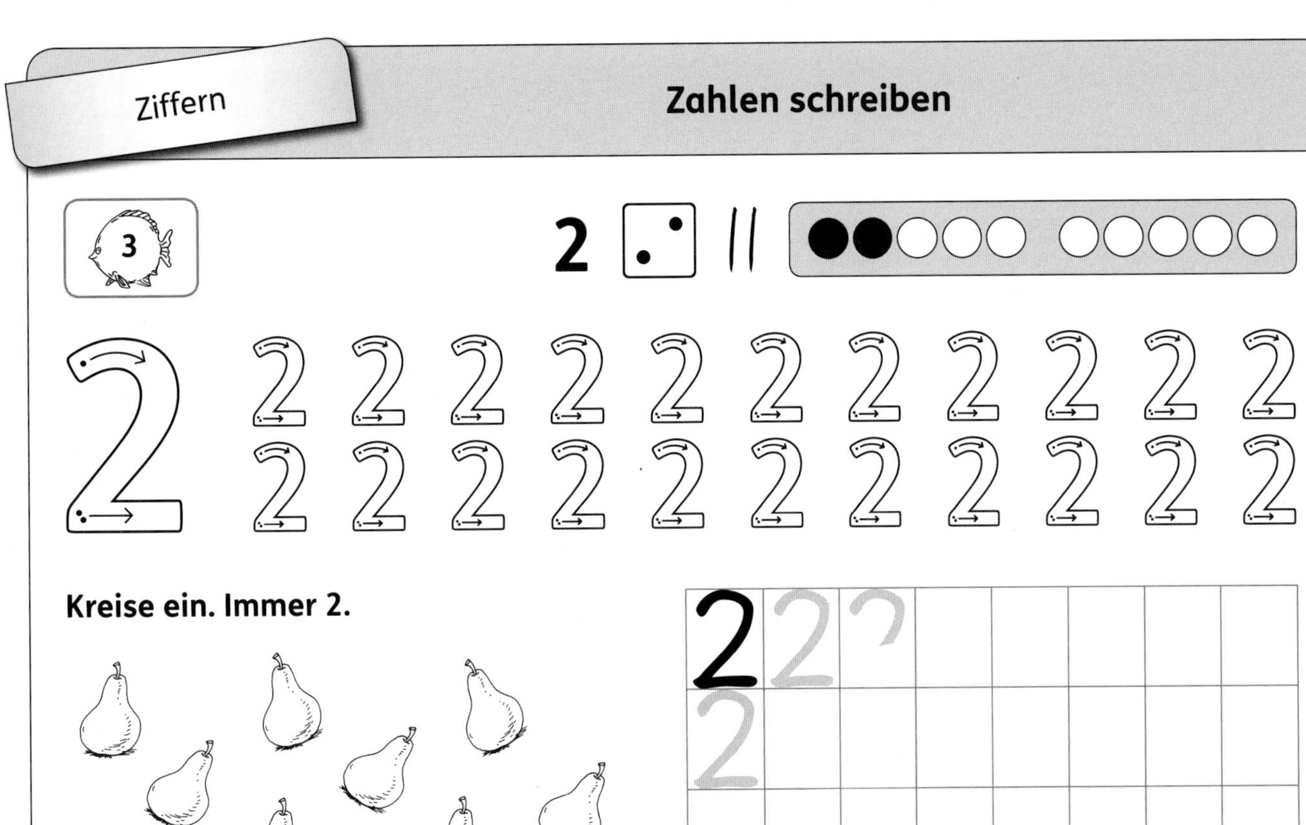

Ziffern

Zahlen schreiben

3

2

Kreise ein. Immer 2.

Erledigt am: ____________________

So hat's geklappt:

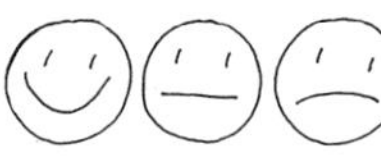

Ziffern

Zahlen schreiben

4

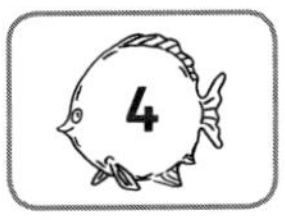

2

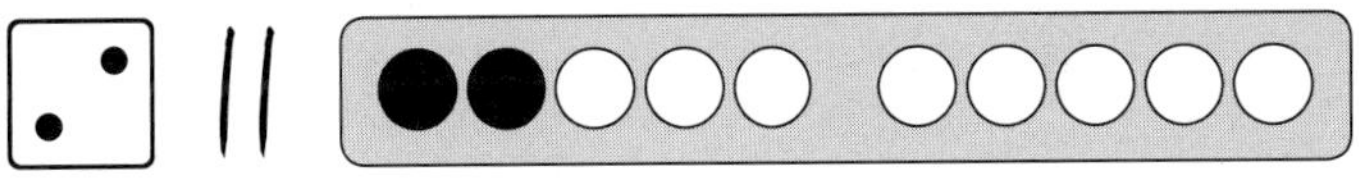

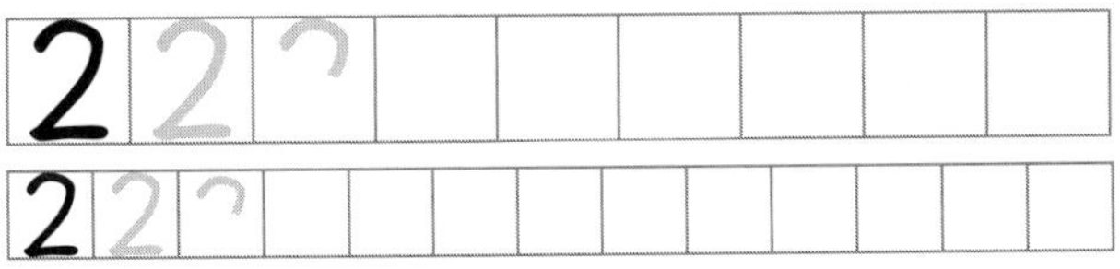

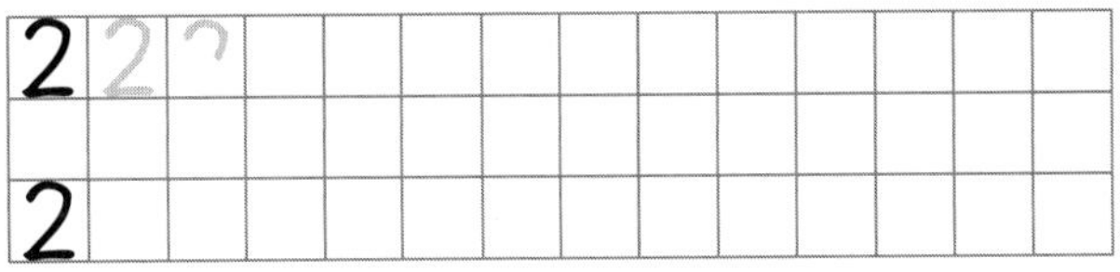

Finde die 2. Male sie an.

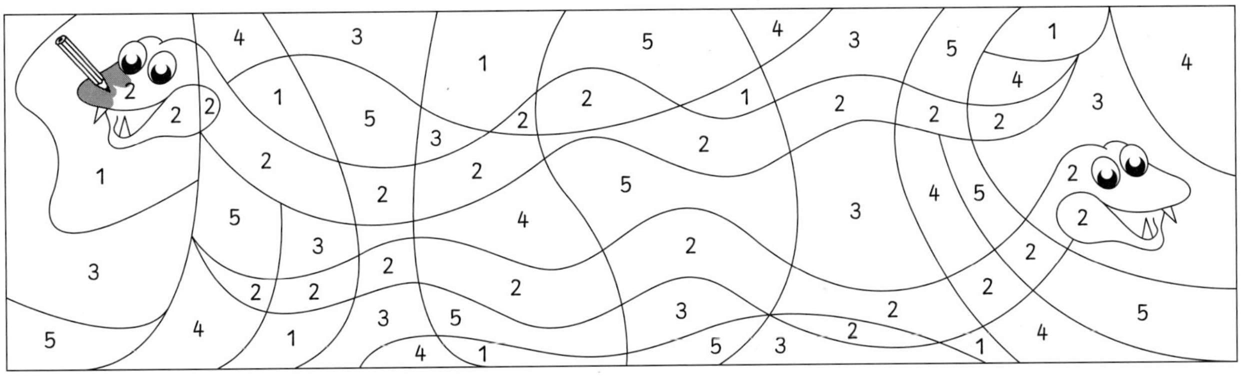

Erledigt am: ____________________

So hat's geklappt:

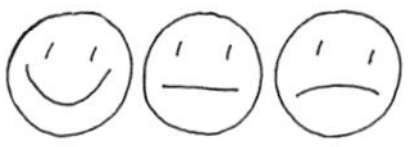

Zahlen schreiben

5

3 |||

3 3 3 3 3 3 3 3 3 3 3 3

3 3 3 3 3 3 3 3 3 3 3

Kreise ein. Immer 3.

3 3

3

Erledigt am: ________________

So hat's geklappt:

Zahlen schreiben

6

3 |||

3 3

3 3

3 3

3

Finde die 3. Male sie an.

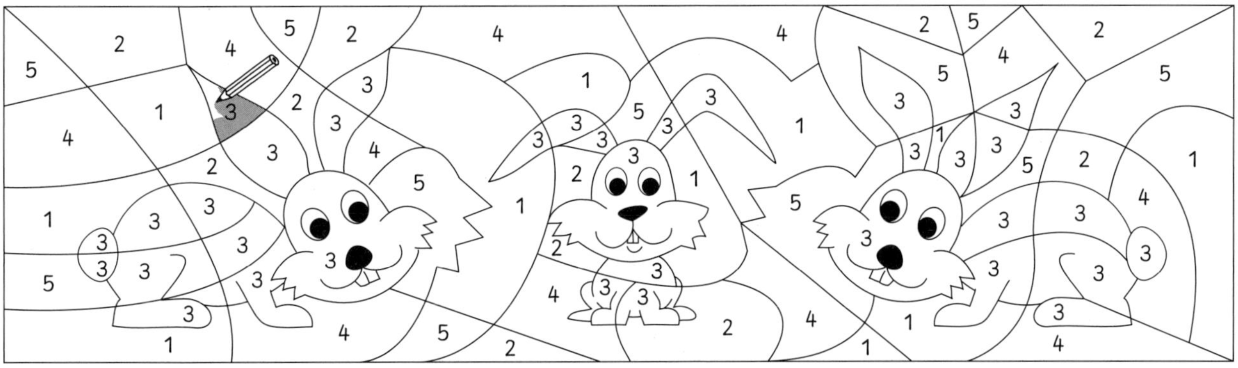

Erledigt am: ________________

So hat's geklappt:

Zahlen schreiben

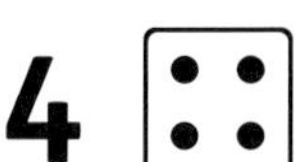  

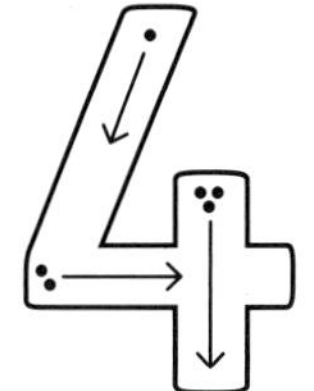   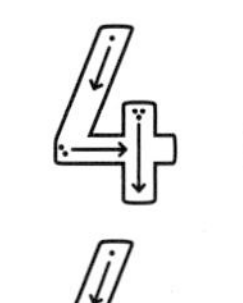   

Kreise ein. Immer 4.

Erledigt am: ______________________

So hat's geklappt: 

Ziffern

Zahlen schreiben

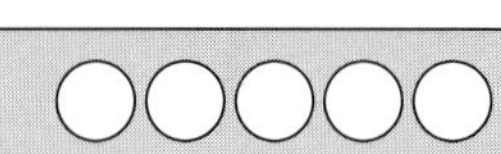

Finde die 4. Male sie an.

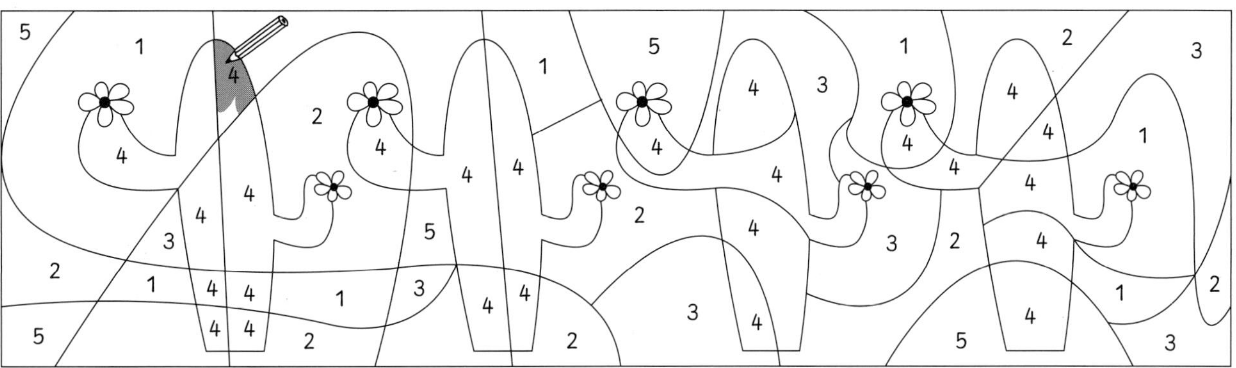

Erledigt am: ______________________

So hat's geklappt: 

Zahlen schreiben

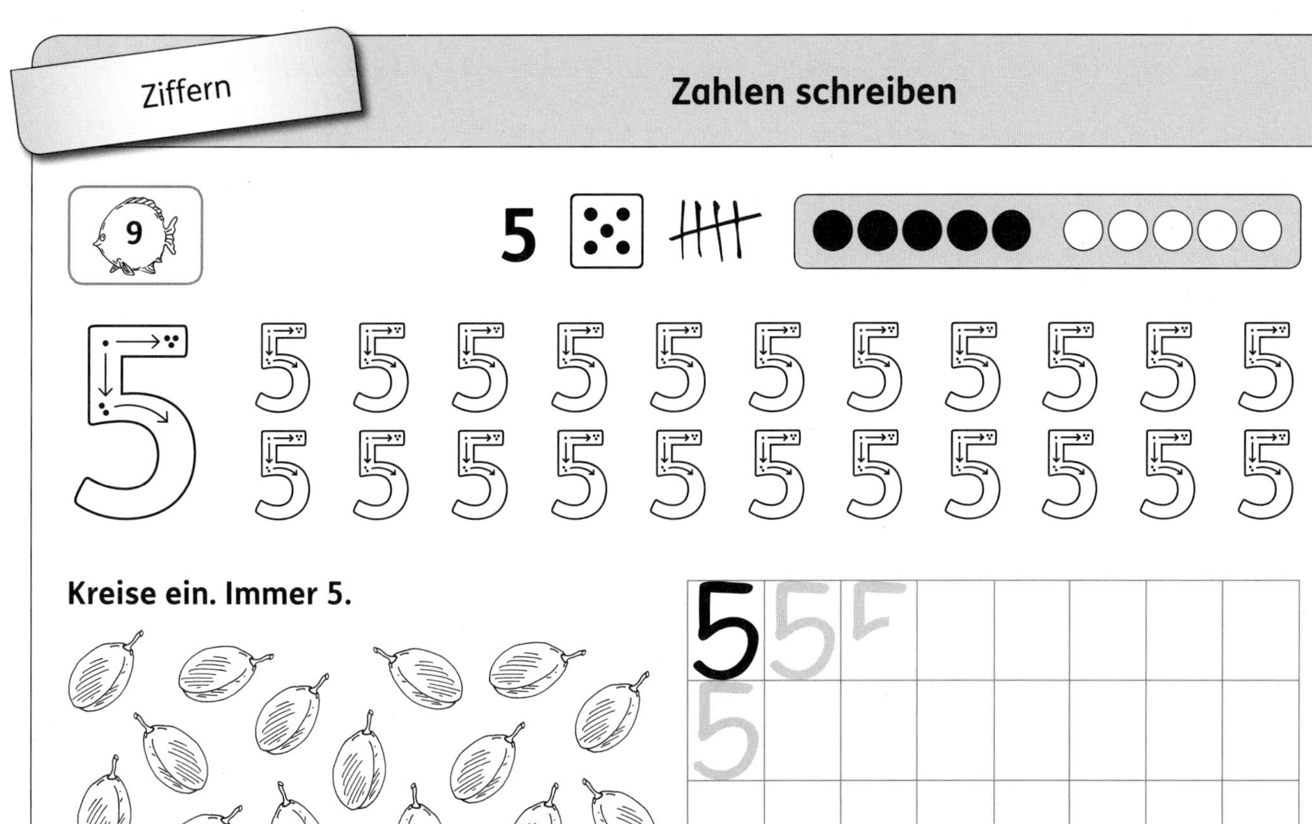

Kreise ein. Immer 5.

Erledigt am: ____________________ *So hat's geklappt:*

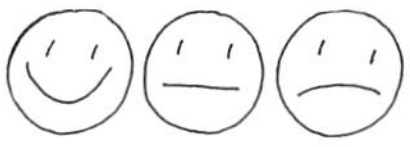

Zahlen schreiben

10

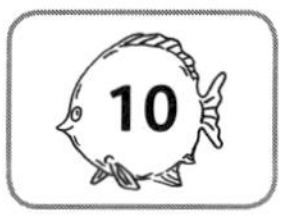

5

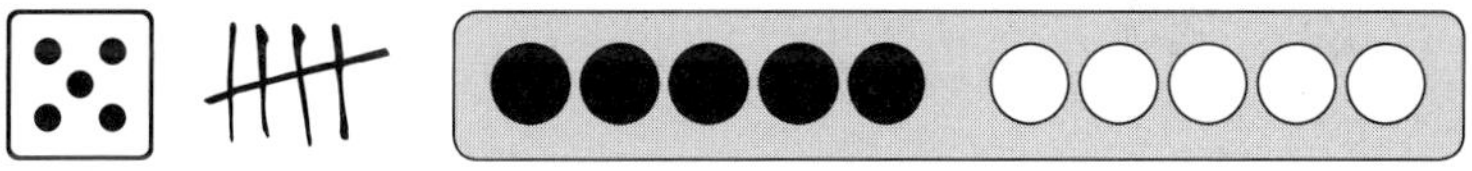

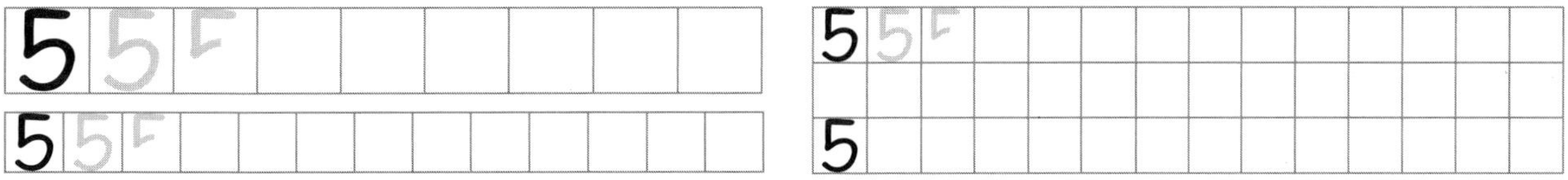

Finde die 5. Male sie an.

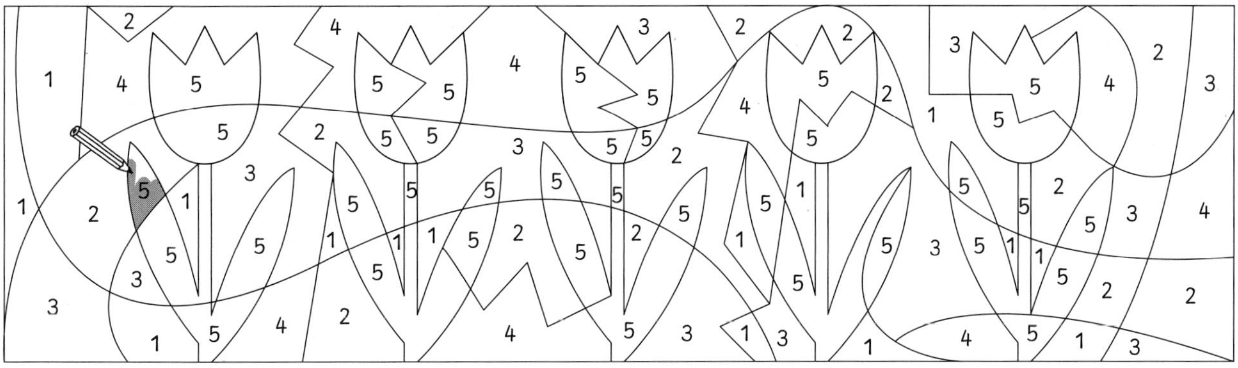

Erledigt am: ____________________ *So hat's geklappt:*

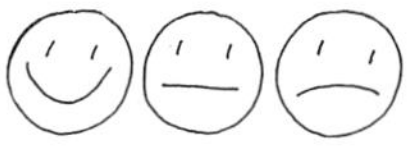

Zahlen schreiben

11

6 ⚅ 𝍸 |

6

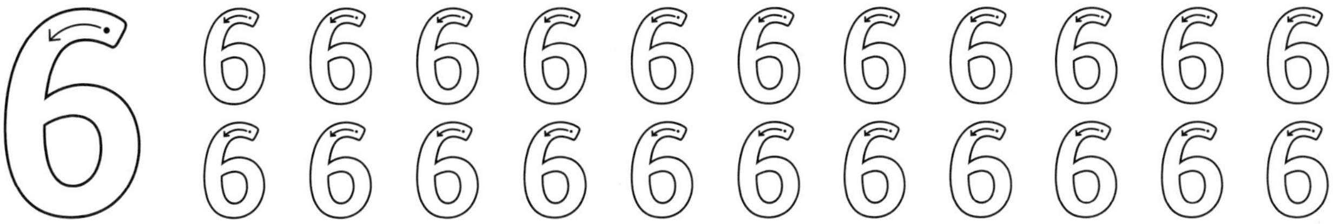

Kreise ein. Immer 6.

6 6

6

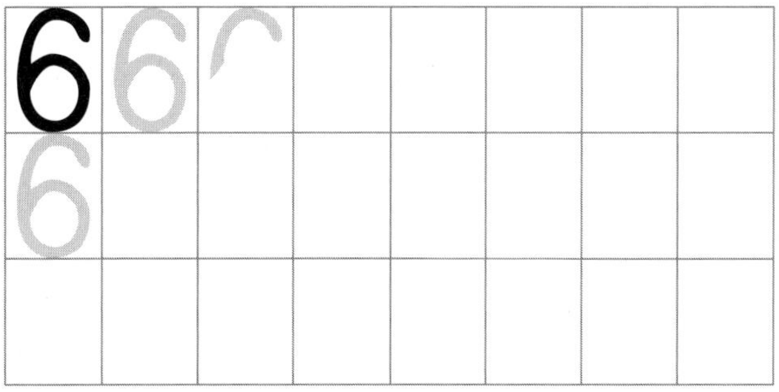

Erledigt am: ______________________

So hat's geklappt:

Zahlen schreiben

12

6 ⚅ 𝍸 |

6 6

6 6

6 6

6

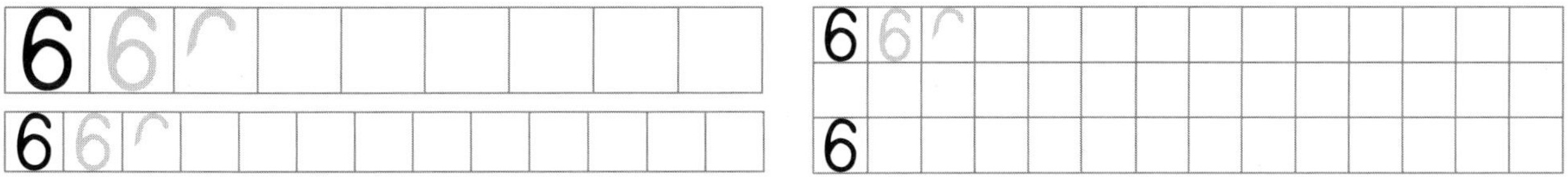

Finde die 6. Male sie an.

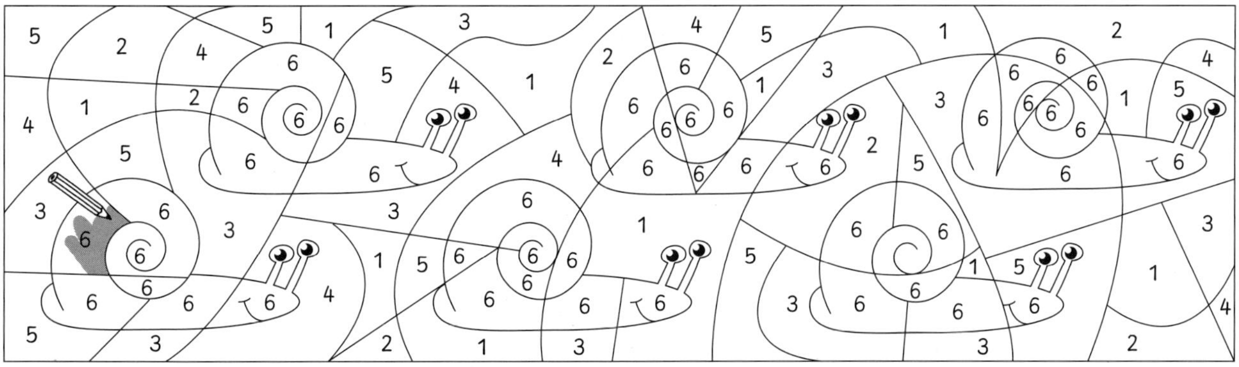

Erledigt am: ______________________

So hat's geklappt:

Ziffern

Zahlen schreiben

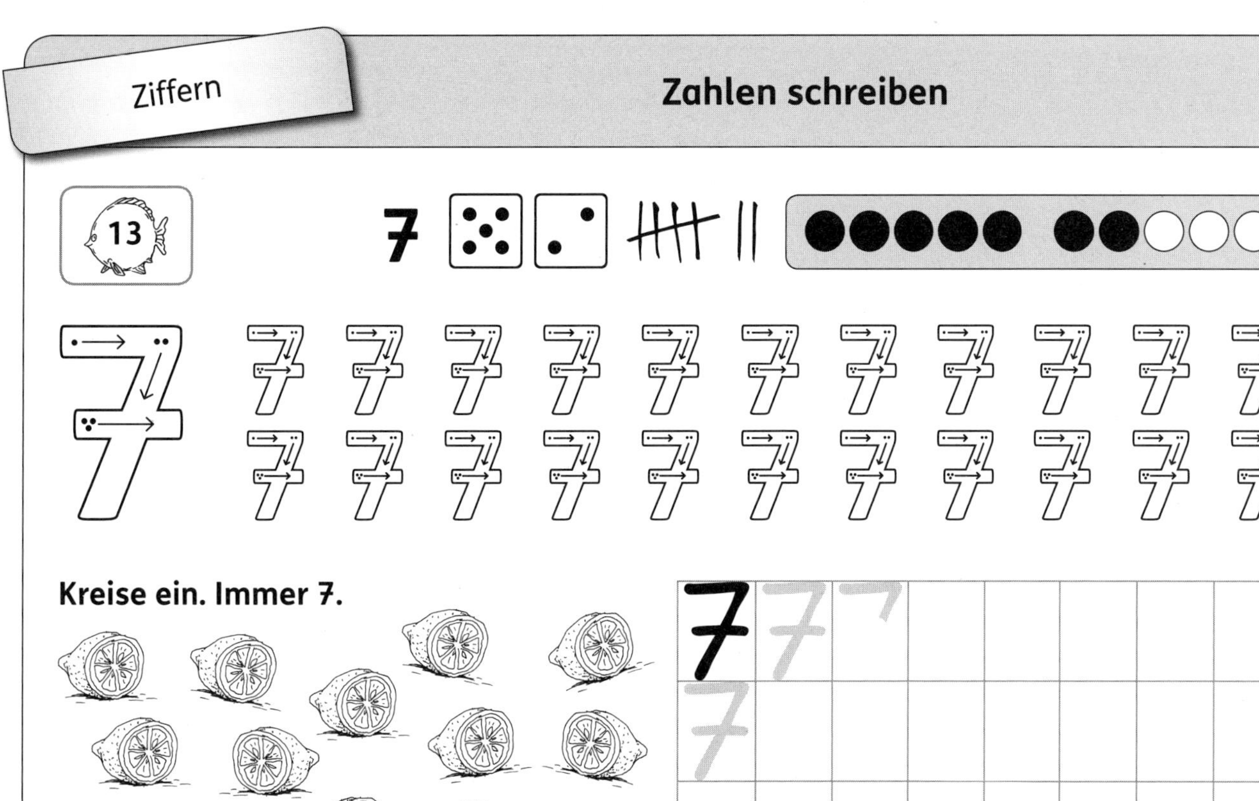

13

7

Kreise ein. Immer 7.

Erledigt am: ____________________ *So hat's geklappt:*

Ziffern

Zahlen schreiben

14

7

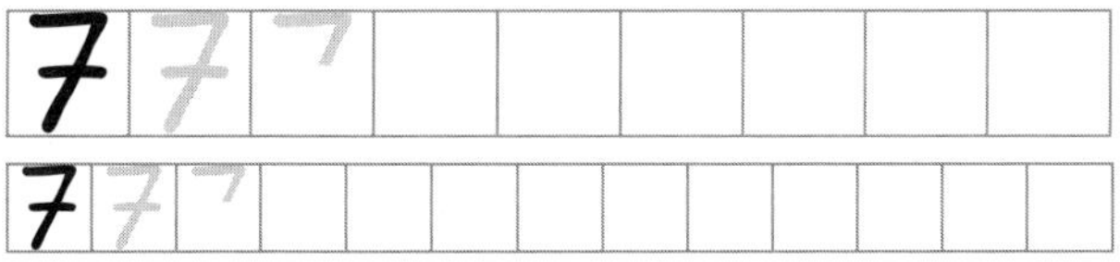

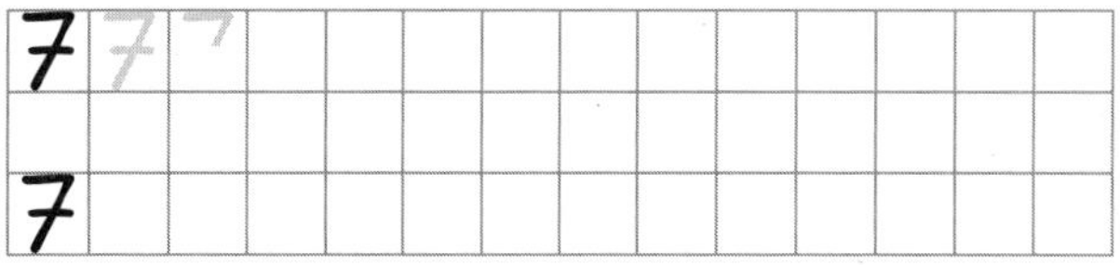

Finde die 7. Male sie an.

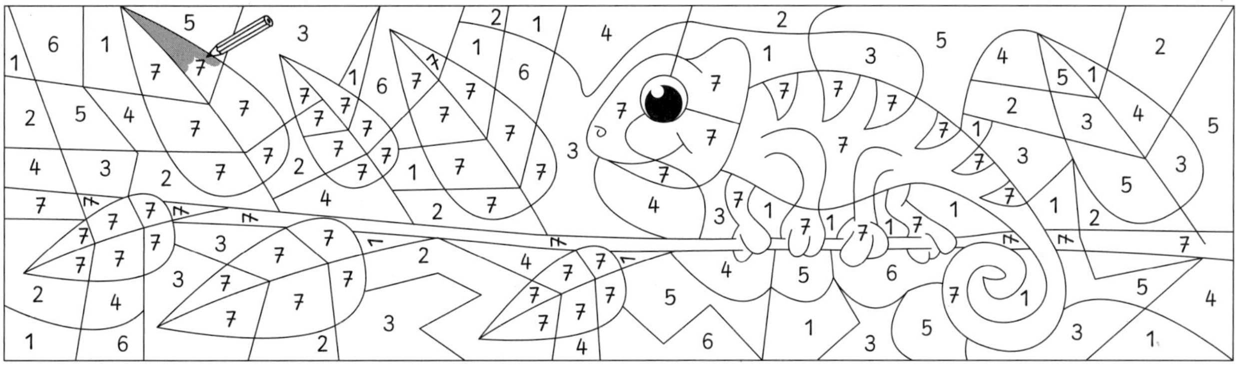

Erledigt am: ____________________ *So hat's geklappt:*

Zahlen schreiben

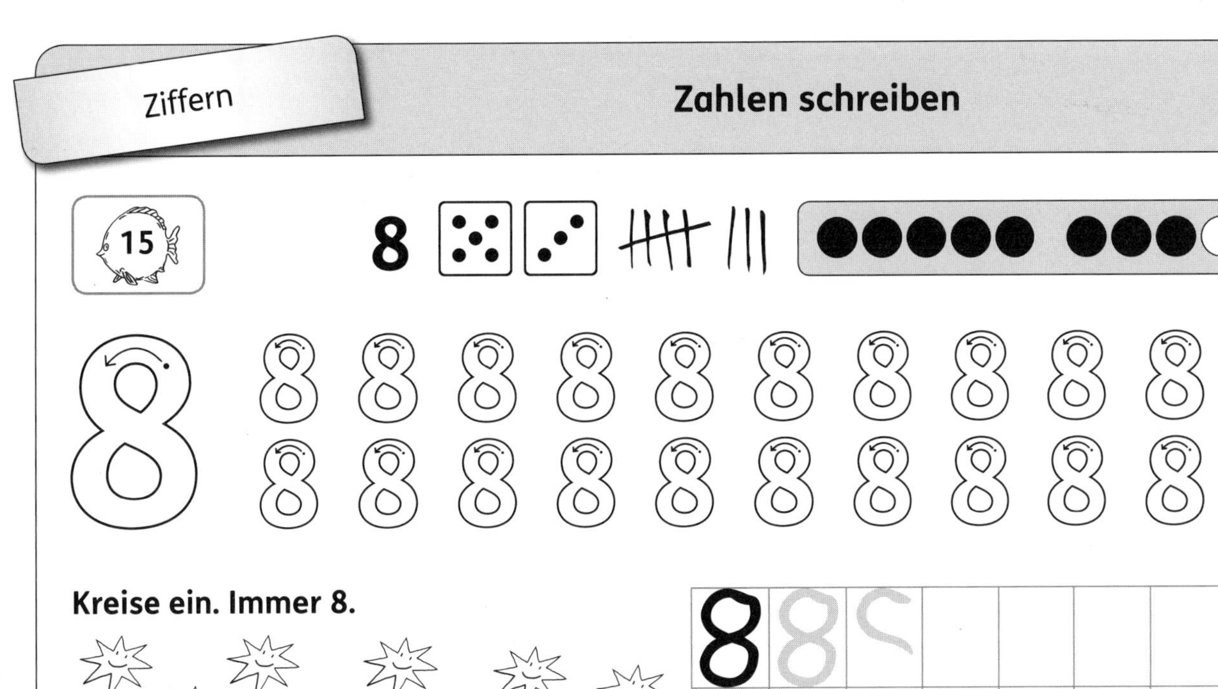

Kreise ein. Immer 8.

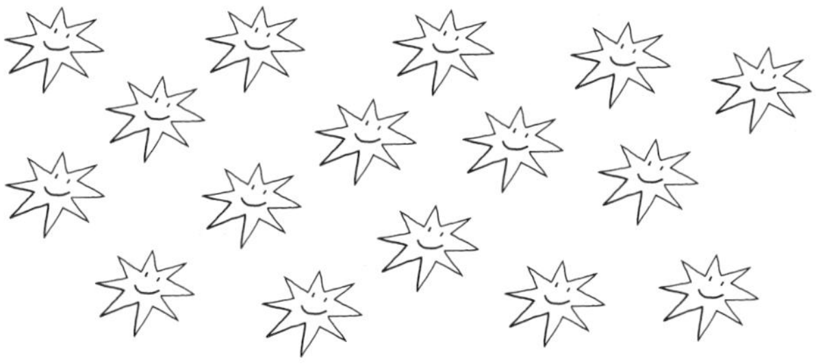

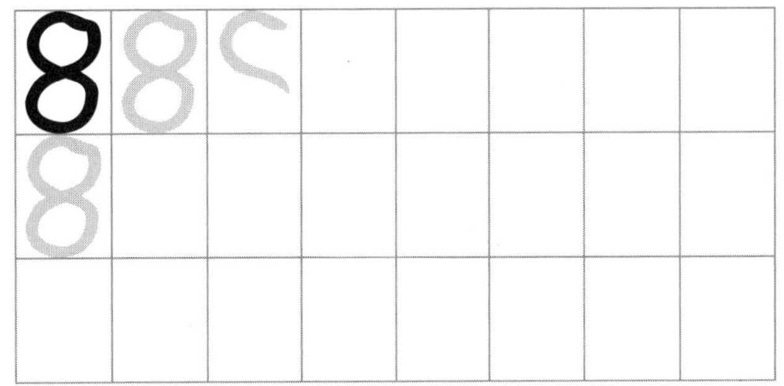

Erledigt am: ___________________

So hat's geklappt:

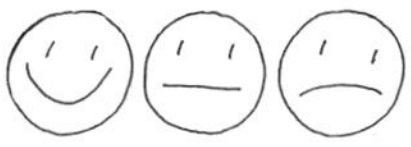

Zahlen schreiben

16

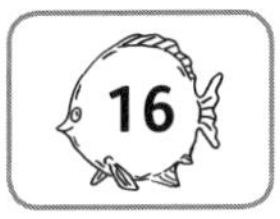

8

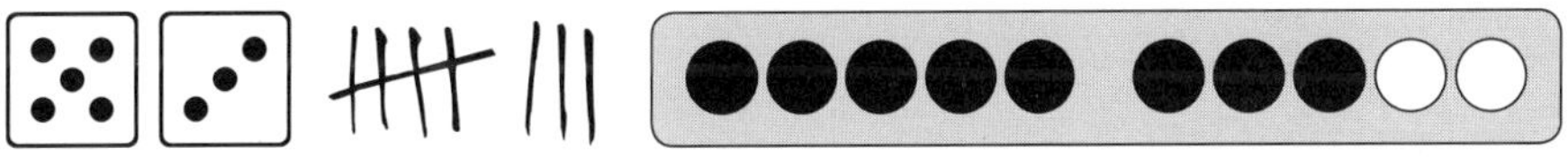

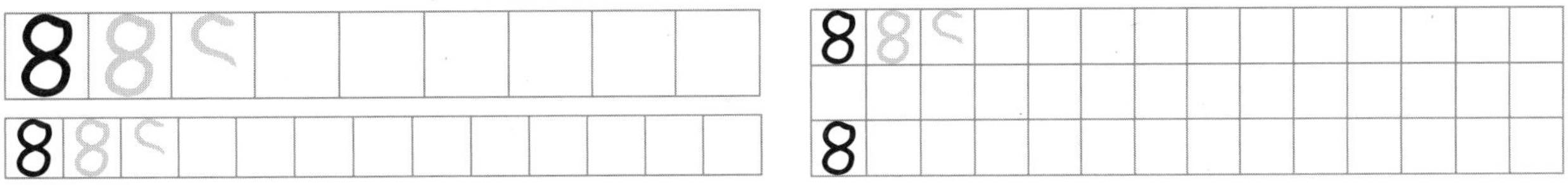

Finde die 8. Male sie an.

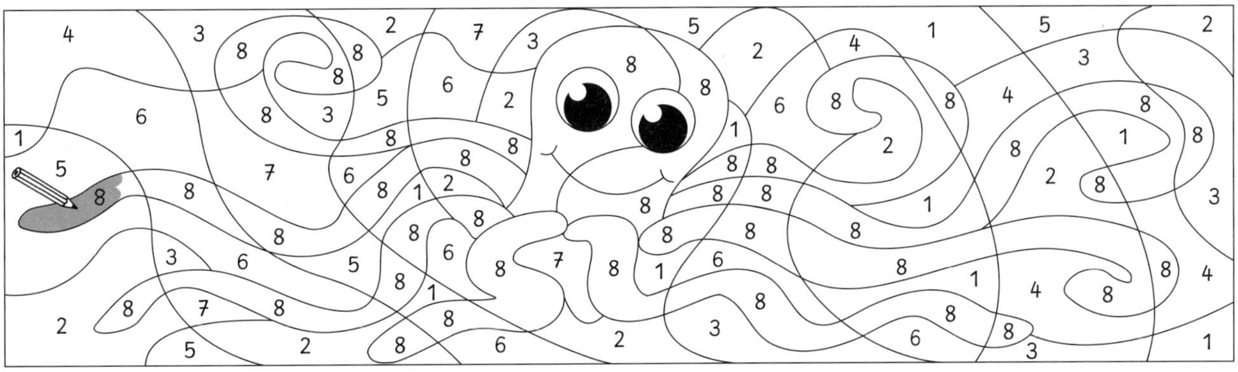

Erledigt am: ___________________

So hat's geklappt:

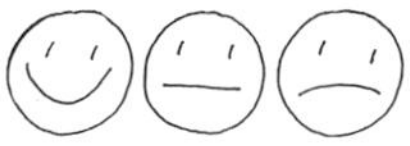

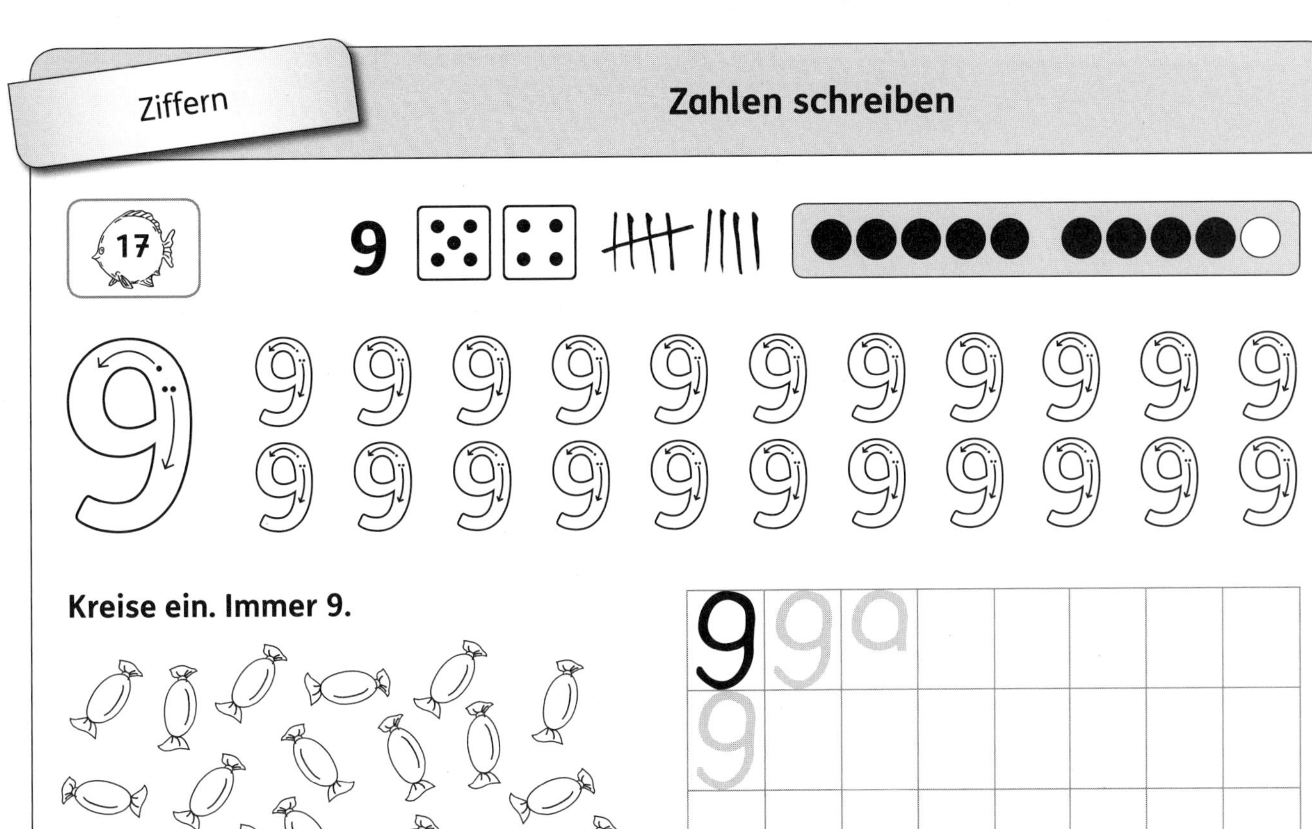

Kreise ein. Immer 9.

Erledigt am: ____________________

So hat's geklappt:

Ziffern

Zahlen schreiben

18

9

Finde die 9. Male sie an.

Erledigt am: ____________________

So hat's geklappt:

Ziffern

Zahlen schreiben

19

0

0 0 0 0 0 0 0 0 0 0 0 0
0 0 0 0 0 0 0 0 0 0 0

Spure die 0 nach.

9 0 8 5 9 0 6
0 5 0 0 8 9
9 0 0 6 8 0 6

0

Erledigt am: ____________________

So hat's geklappt:

Ziffern

Zahlen schreiben

20

0

0

0

0

0

Finde die 0. Male sie an.

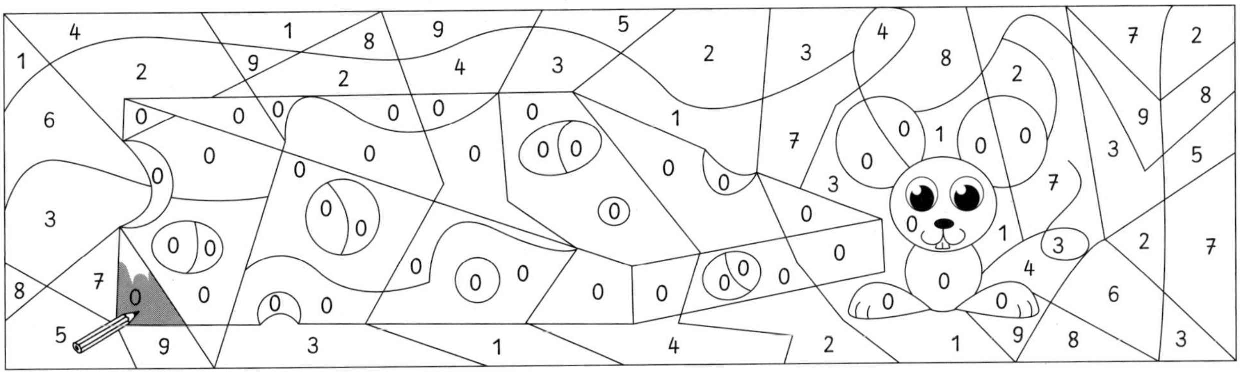

Erledigt am: ____________________

So hat's geklappt:

Zahlen-Malbilder

Male an.
2 = blau 3 = orange 4 = gelb 5 = grün 6 = lila

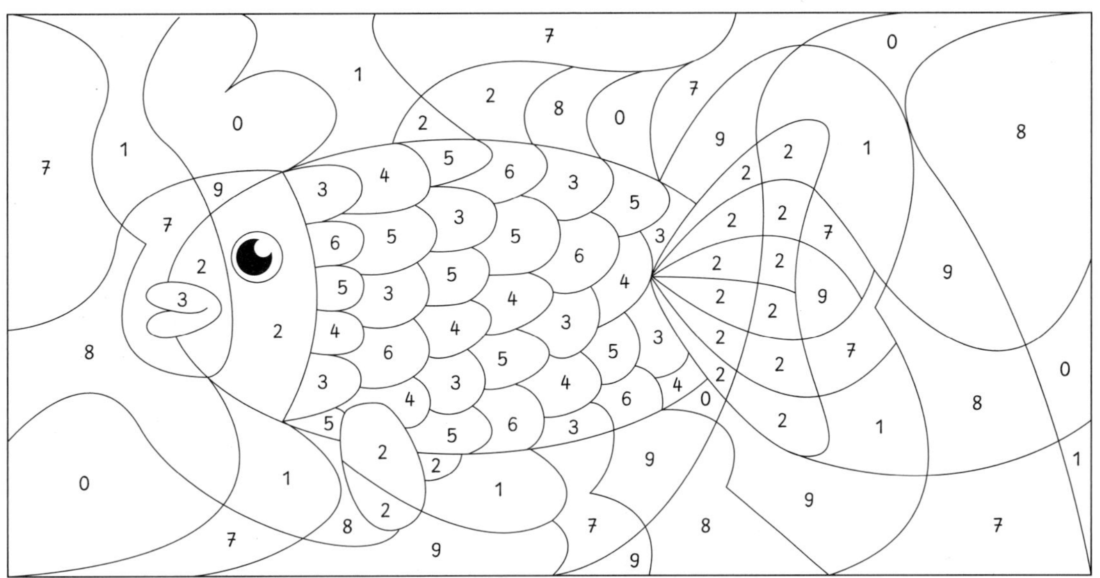

Erledigt am: ___________________________ *So hat's geklappt:*  

Zahlen-Malbilder

Male an.
1 = blau 0 = orange 9 = gelb 8 = grün 7 = lila

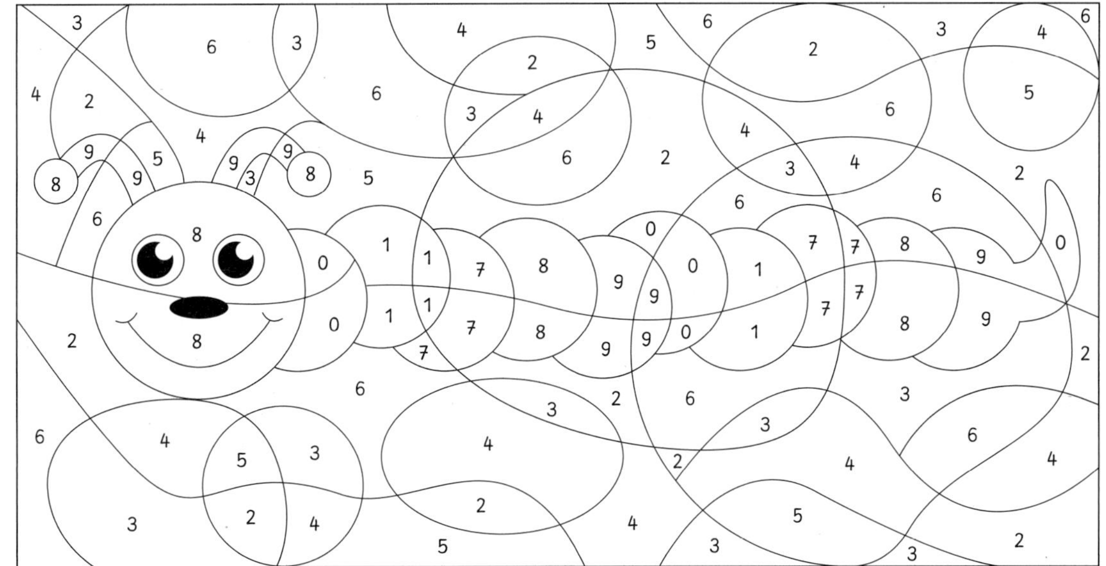

Erledigt am: ___________________________ *So hat's geklappt:*  

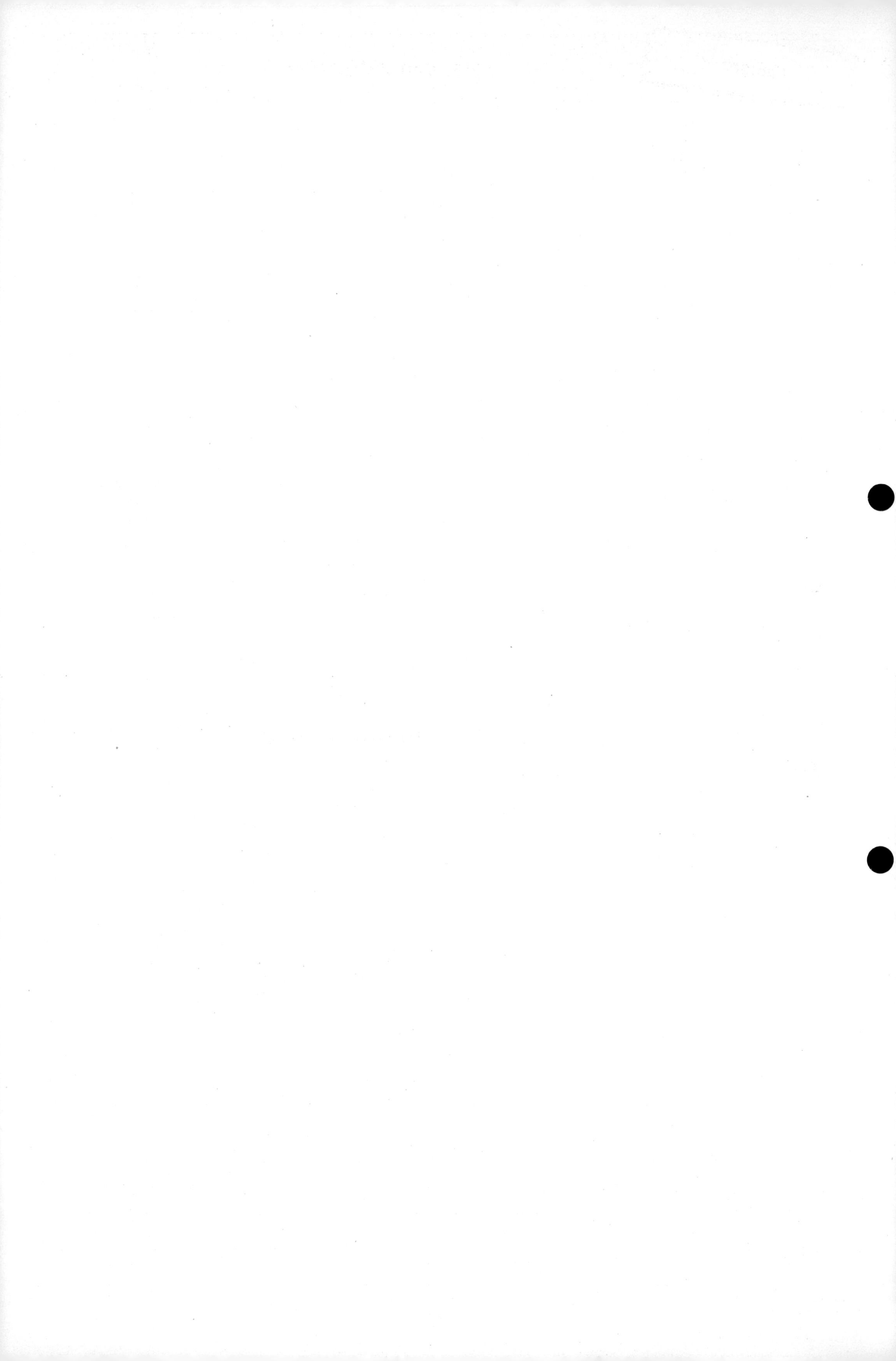

Mengen strukturieren

Verbinde.

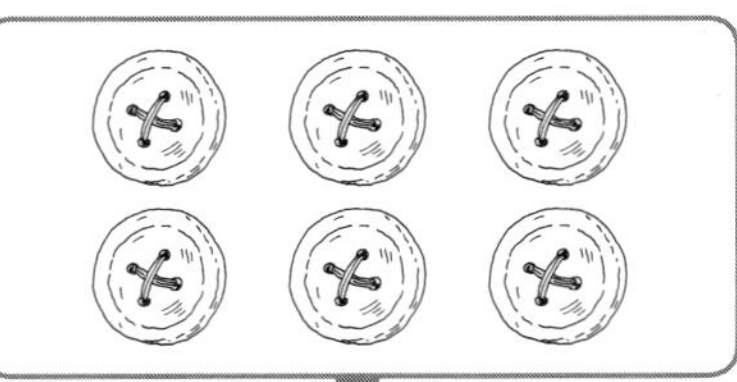

Erledigt am: ______________________ *So hat's geklappt:* 

Mengen

Mengen strukturieren

Verbinde.

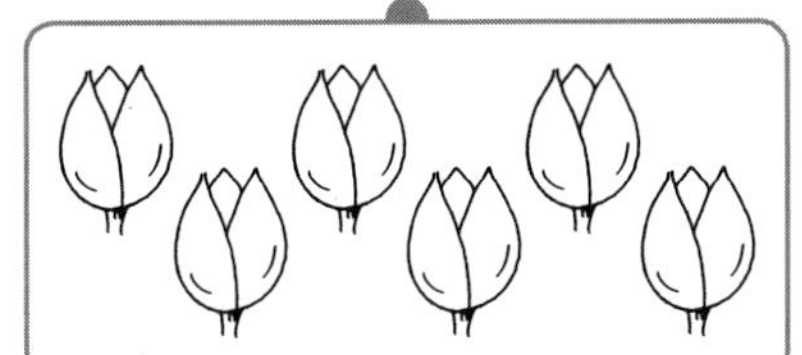

Erledigt am: ______________________ *So hat's geklappt:*   

Mengen strukturieren

Kreise ein.

immer 2

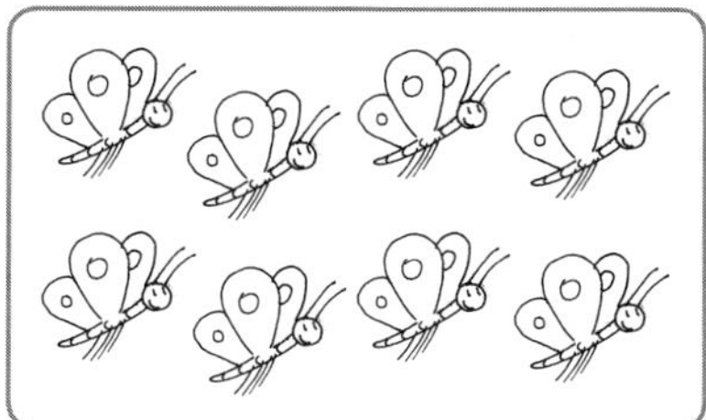

immer 3

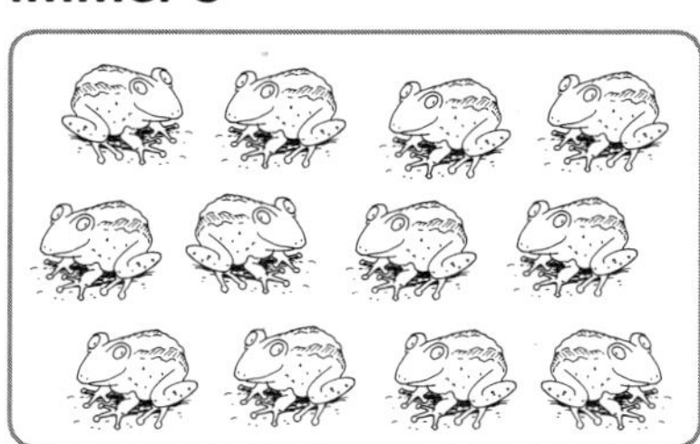

immer 4

immer 5

immer 6

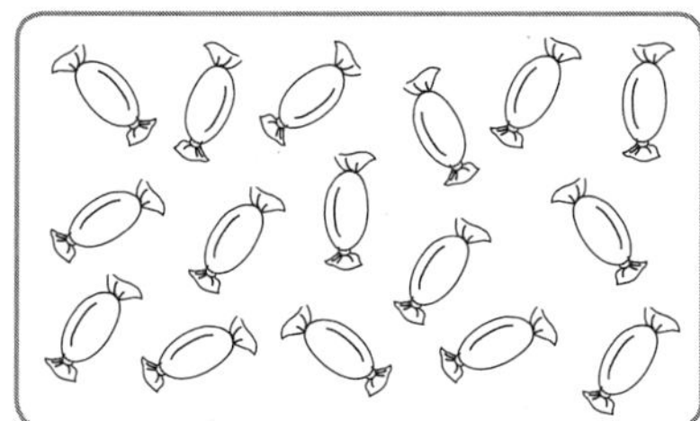

immer 7

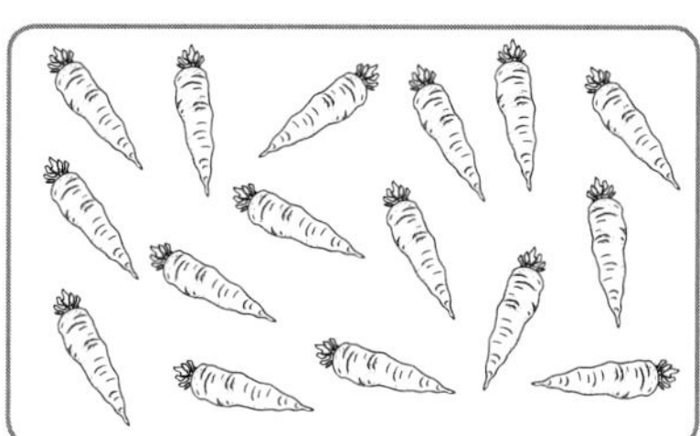

Erledigt am: ______________________

So hat's geklappt: 

Mengen strukturieren

Kreise ein.

immer 2

immer 3

immer 4

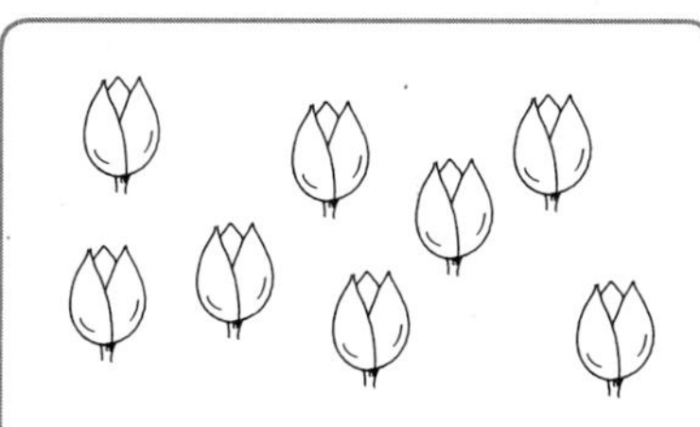

immer 5

immer 6

immer 7

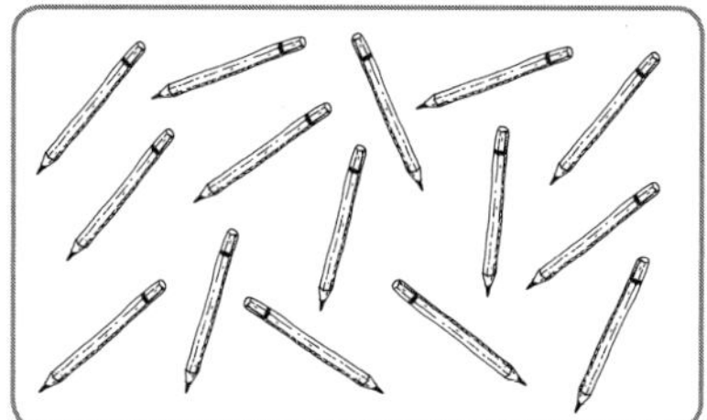

Erledigt am: ______________________

So hat's geklappt:  

Mengen strukturieren

Wie viele sind es?

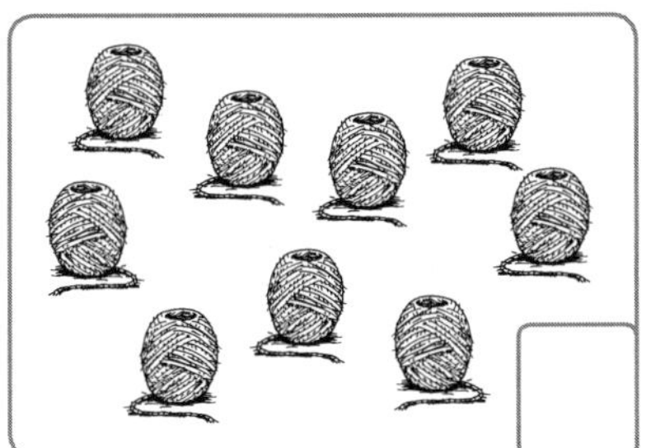

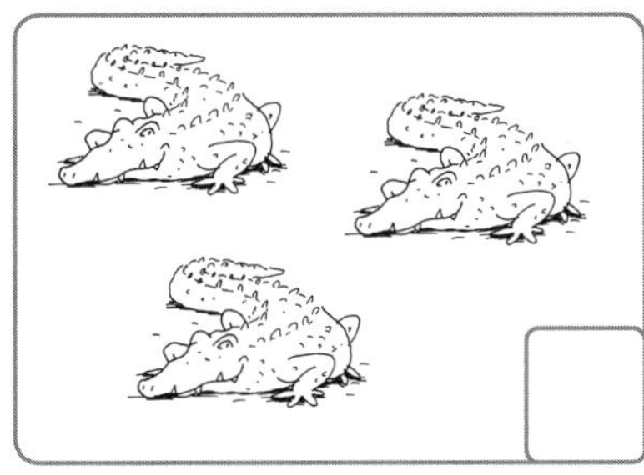

Erledigt am: ______________________

So hat's geklappt: 

Mengen strukturieren

Wie viele sind es?

Erledigt am: ______________________

So hat's geklappt:  

Mengen strukturieren

Streiche durch.

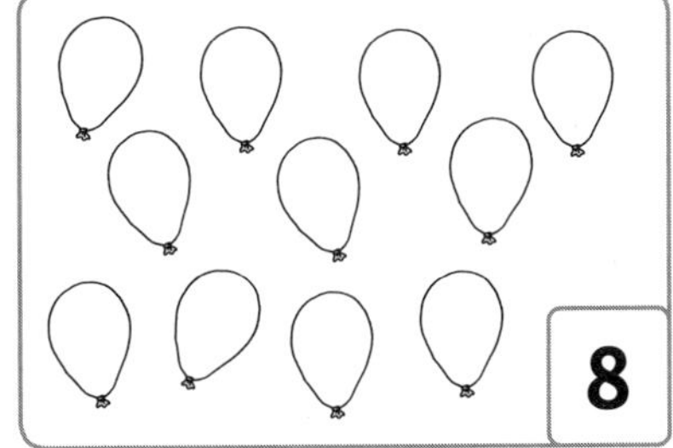

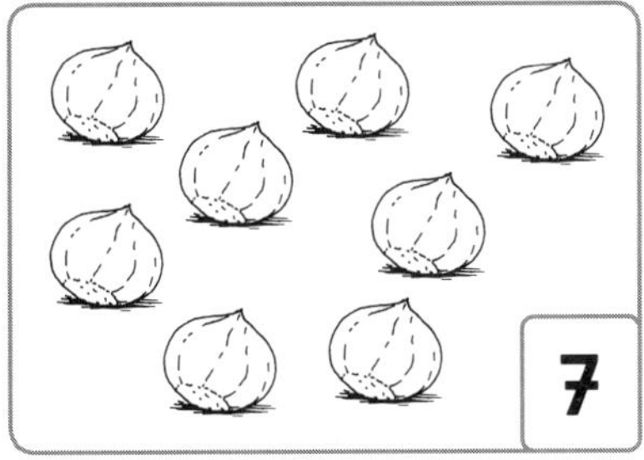

Erledigt am: ______________________ *So hat's geklappt:*

Mengen

Mengen strukturieren

Streiche durch.

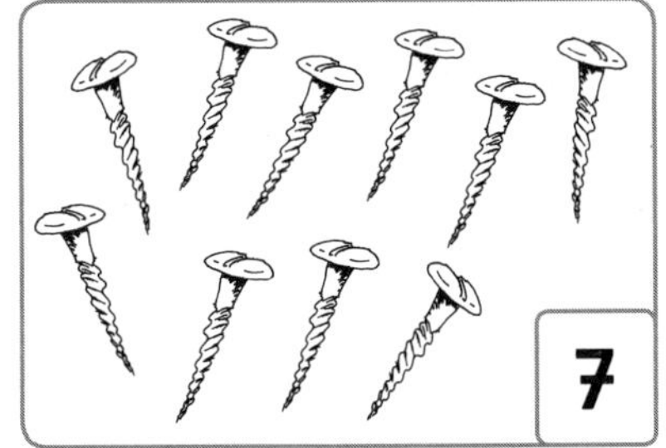

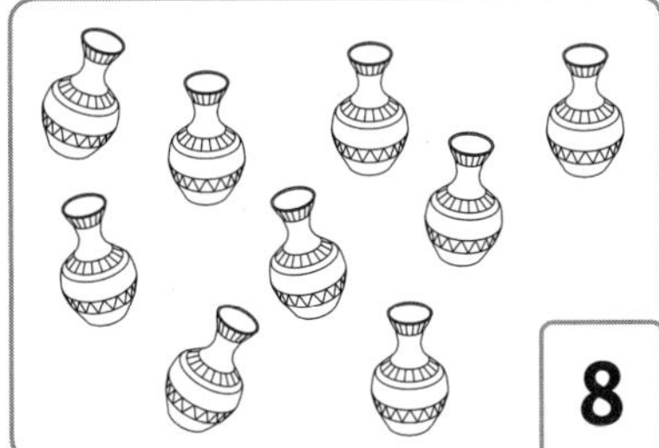

Erledigt am: ______________________ *So hat's geklappt:*

Mengen

Mengen erfassen mit dem Zehnerfeld

31 **Wie viele schwarze Punkte zählst du?**

●●●●○ ○○○○○ 4

●●●●● ○○○○○ ☐

●●●●● ●●●○○ ☐

●●●●● ●●●●● ☐

●●●●● ●○○○○ ☐

●●●○○ ○○○○○ ☐

Erledigt am: ____________________ *So hat's geklappt:*

Mengen

Mengen erfassen mit dem Zehnerfeld

32 **Wie viele schwarze Punkte zählst du?**

●●●●● ○○○○○ 5

●○○○○ ○○○○○ ☐

●●●●○ ○○○○○ ☐

●●●●● ●●○○○ ☐

●●○○○ ○○○○○ ☐

●●●●● ●●●●○ ☐

Erledigt am: ____________________ *So hat's geklappt:*

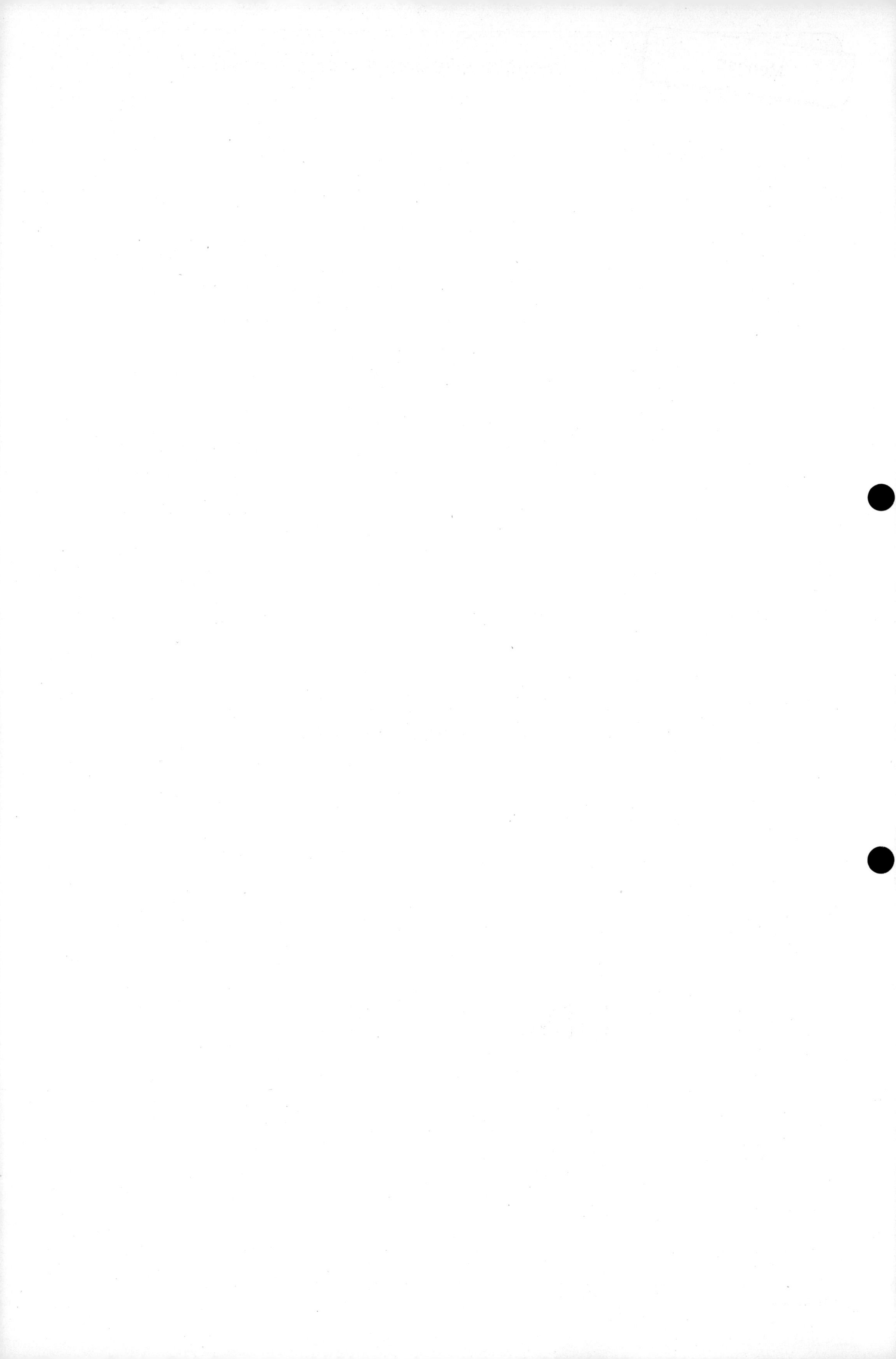

Mengen

Mengen erfassen mit dem Zehnerfeld

Male an.

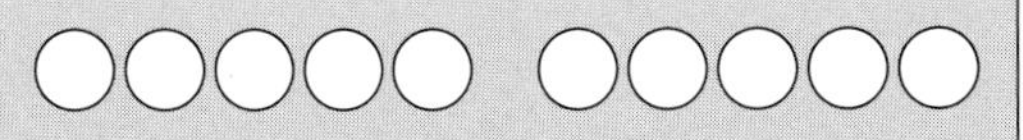
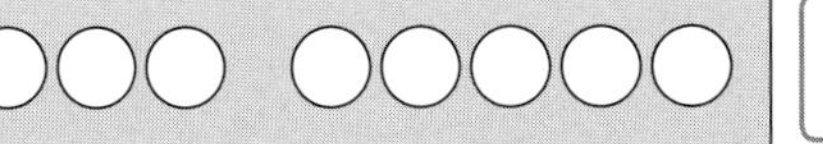

4

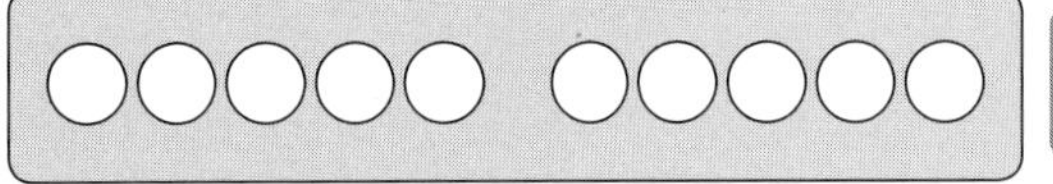
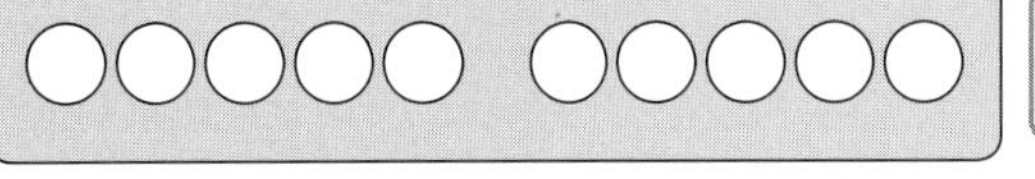
5

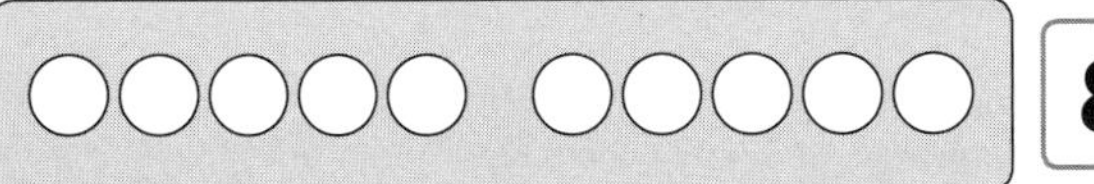
8

10

6

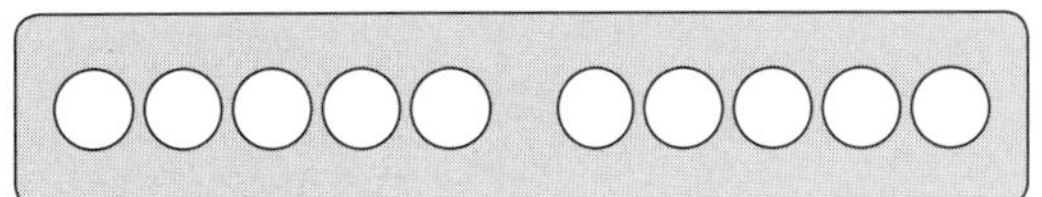

7

Erledigt am: ____________________

So hat's geklappt: 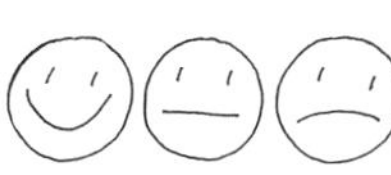

Mengen

Mengen erfassen mit dem Zehnerfeld

Male an.

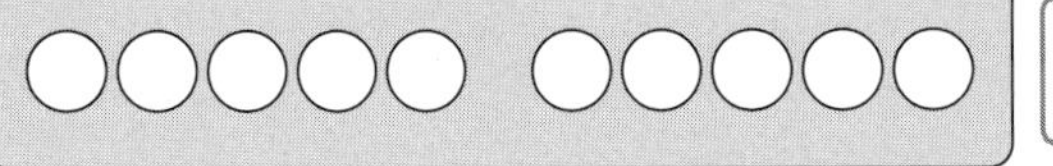

5

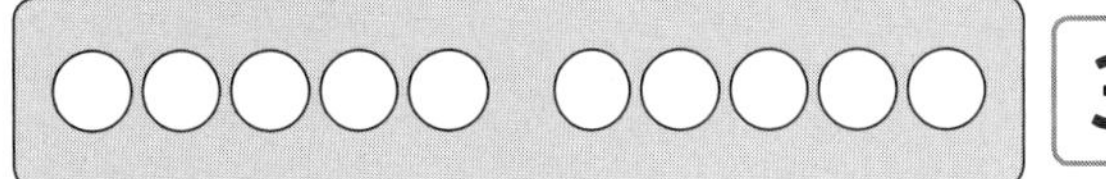
3

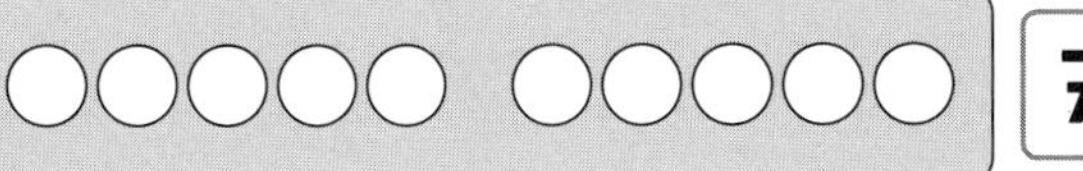

7

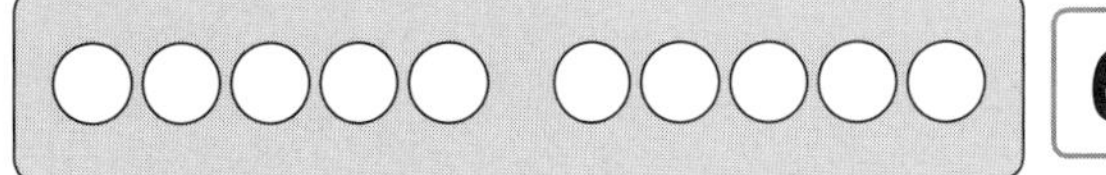
6

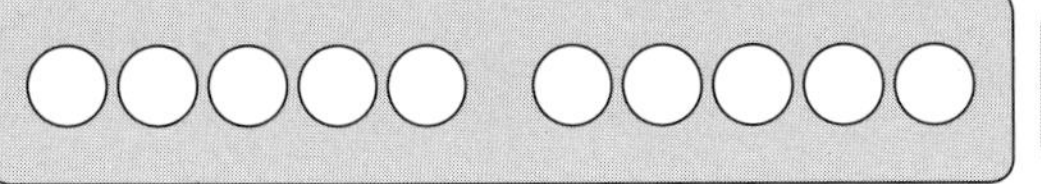

4

9

Erledigt am: ____________________

So hat's geklappt:  

Mengen

Mengen erfassen mit dem Zehnerfeld

Male dazu.

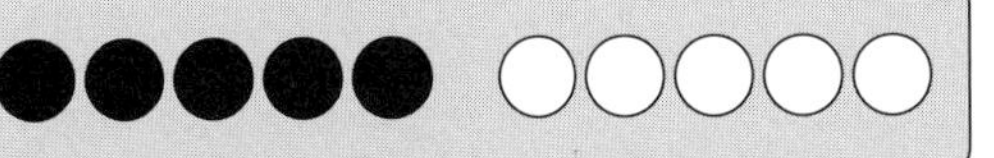

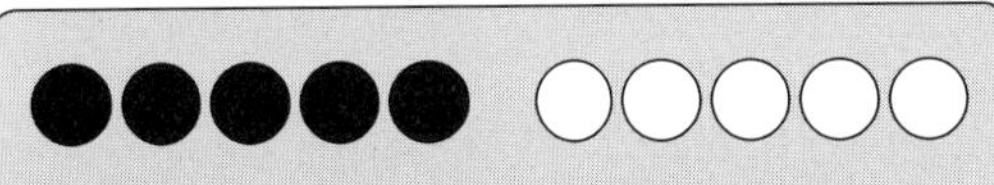

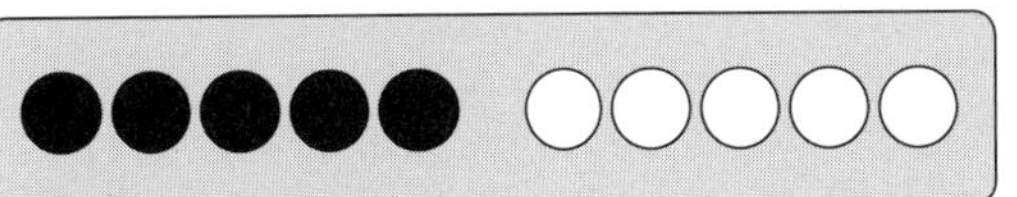

6	9
8	10
7	5

Erledigt am: ____________________

So hat's geklappt:

Mengen

Mengen erfassen mit dem Zehnerfeld

Streiche weg.

4	5
8	6
2	7

Erledigt am: ____________________

So hat's geklappt:

Zahlenreihen ergänzen

Ergänze.

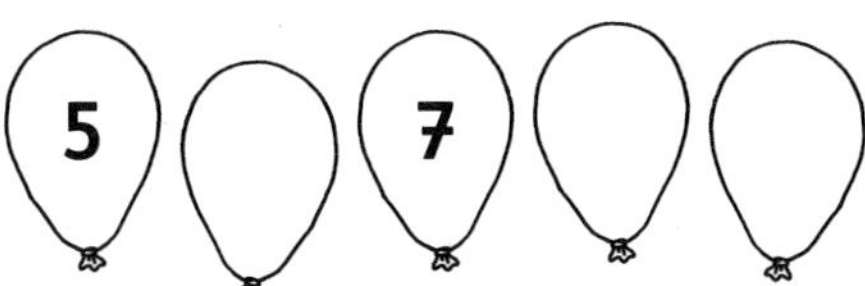

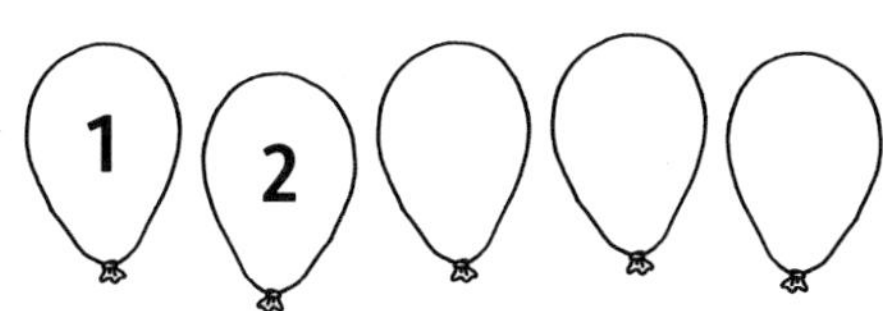

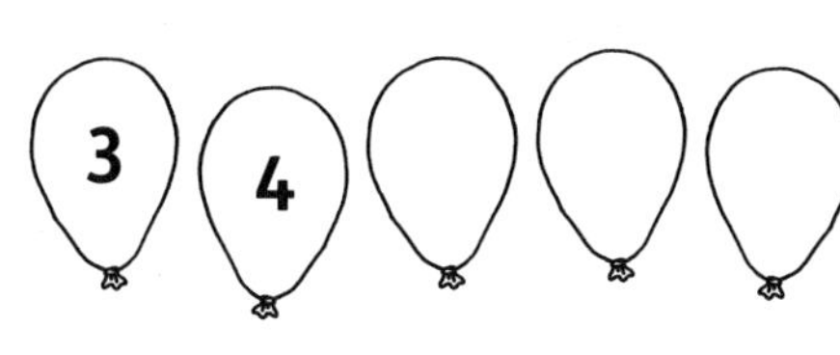

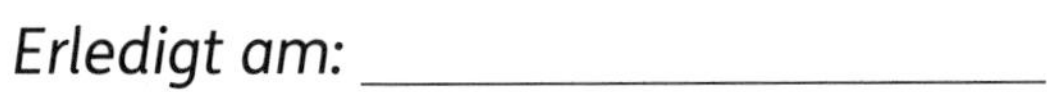

Erledigt am: ____________________

So hat's geklappt: 

Zahlenreihen

Zahlenreihen ergänzen

Ergänze.

Erledigt am: ____________________

So hat's geklappt: 

Zahlenreihen

Vorgänger und Nachfolger ergänzen

39 **Schreibe die Nachbarzahlen auf.**

Vorgänger		Nachfolger	Vorgänger		Nachfolger
	1			6	
	2			7	
	3			8	
	4			9	
	5				

Erledigt am: ____________________

So hat's geklappt:

Zahlenreihen

Vorgänger und Nachfolger ergänzen

40 **Schreibe die Vorgänger und Nachfolger auf.**

Vorgänger				Nachfolger	
		10	3		
		9	4		
		8	5		
		7	6		
		6	7		
		5	8		

Erledigt am: ____________________

So hat's geklappt:

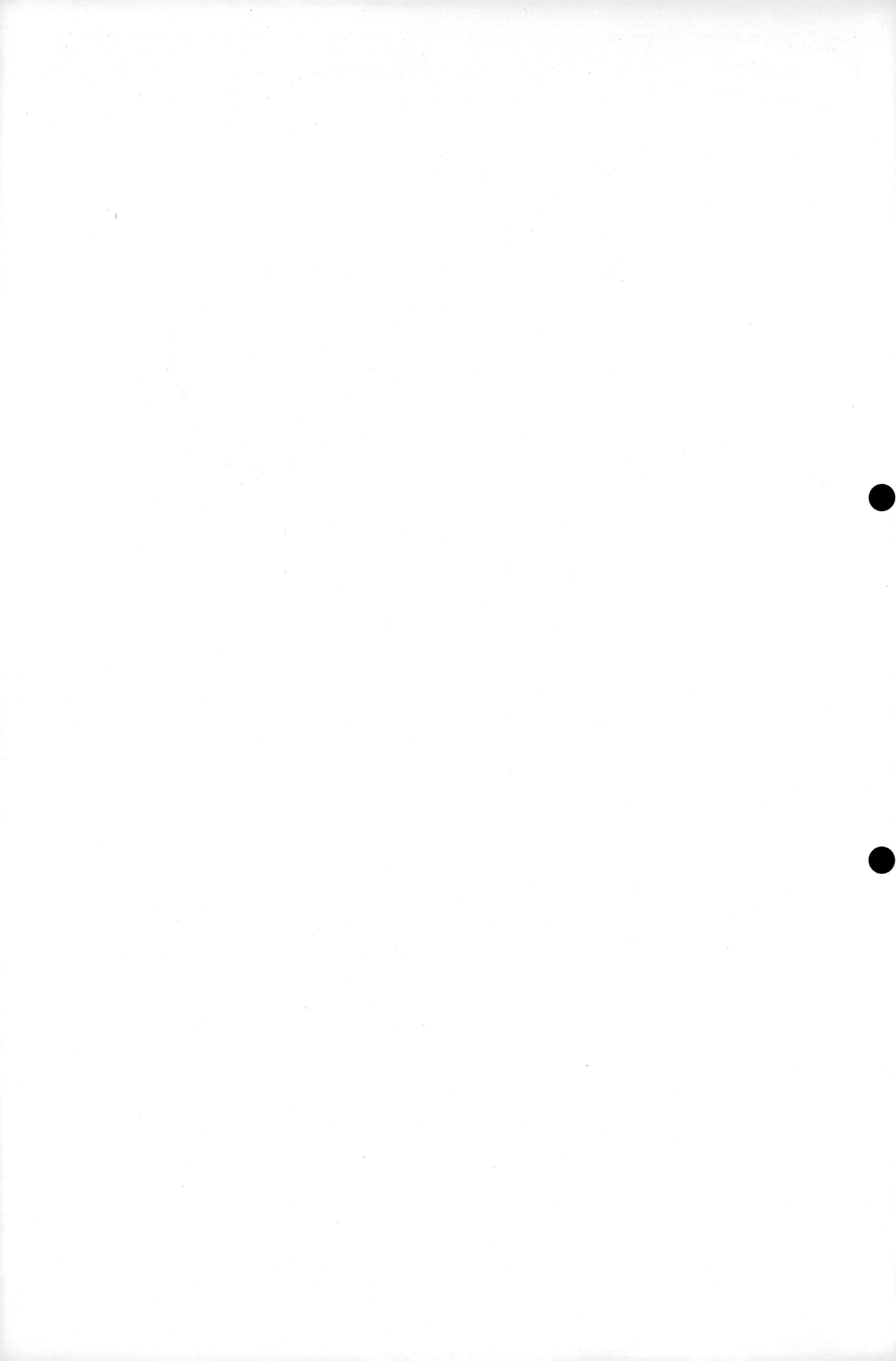

Addition

Zahlen zerlegen

41 **Rechne und male.**

7	7	8	8
●● ● |	●●● ●● |	●●● ●● |	●● ●● |
3 | ☐	☐ | ☐	☐ | ☐	☐ | ☐

Erledigt am: ____________________ *So hat's geklappt:*

Addition

Zahlen zerlegen

42 **Rechne und male.**

9	9	6	6
●● ● |	●●● ●● |	●● ● |	●● |
3 | ☐	☐ | ☐	☐ | ☐	☐ | ☐

Erledigt am: ____________________ *So hat's geklappt:*

Addition

Addieren mit Bildern

43 **Rechne.**

☐ + ☐ = ☐

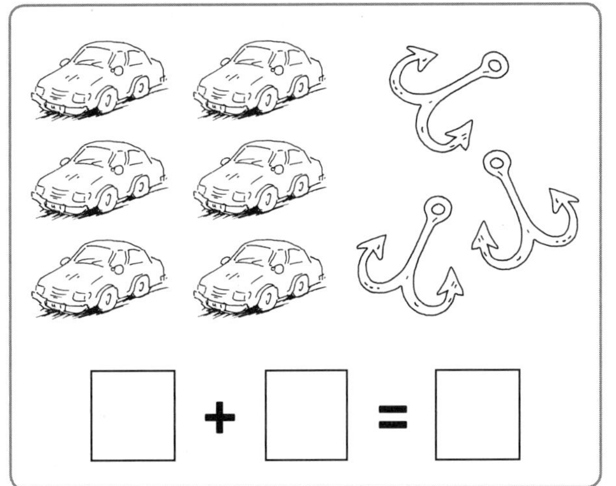

☐ + ☐ = ☐

Erledigt am: ____________________ *So hat's geklappt:*

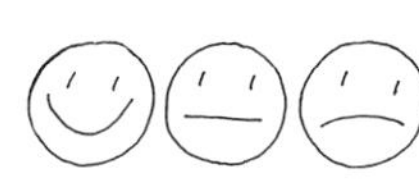

Addition

Addieren mit Bildern

44 **Rechne.**

☐ + ☐ = ☐

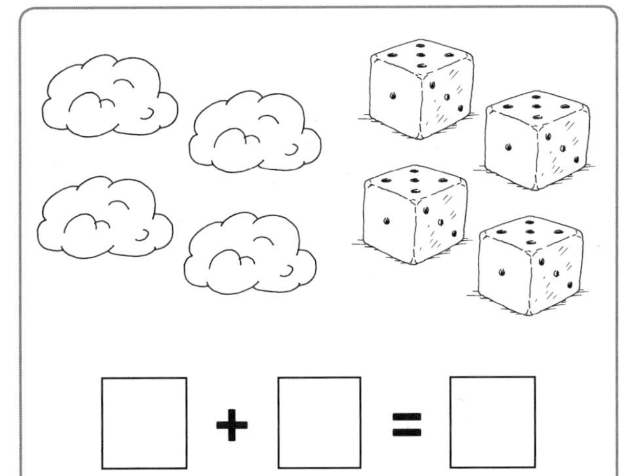

☐ + ☐ = ☐

Erledigt am: ____________________ *So hat's geklappt:*

Addition

Addieren mit dem Zehnerfeld

Rechne.

6 + 2 = ☐

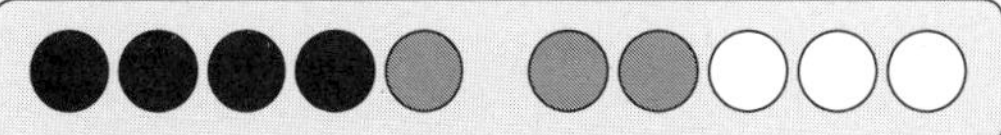

4 + 3 = ☐

8 + 2 = ☐

2 + 3 = ☐

4 + 4 = ☐

5 + 2 = ☐

Erledigt am: ____________________

So hat's geklappt:

Addition

Addieren mit dem Zehnerfeld

Rechne.

6 + 4 = ☐

5 + 3 = ☐

7 + 2 = ☐

3 + 3 = ☐

5 + 4 = ☐

5 + 5 = ☐

Erledigt am: ____________________

So hat's geklappt:

Addition

Addieren mit zwei Zahlen

Rechne.

8 + 2 =	1 + 2 =	5 + 1 =
7 + 0 =	5 + 2 =	3 + 1 =
5 + 4 =	2 + 6 =	2 + 3 =
2 + 2 =	4 + 5 =	6 + 1 =
4 + 2 =	2 + 7 =	7 + 2 =
6 + 3 =	0 + 4 =	8 + 1 =

Erledigt am: ____________________ *So hat's geklappt:* 

Addition

Addieren mit zwei Zahlen

Rechne.

2 + 8 =	2 + 1 =	1 + 5 =
0 + 6 =	2 + 5 =	1 + 3 =
4 + 4 =	6 + 2 =	3 + 3 =
1 + 2 =	5 + 4 =	1 + 9 =
5 + 2 =	7 + 3 =	1 + 8 =
5 + 3 =	4 + 0 =	7 + 1 =

Erledigt am: ____________________ *So hat's geklappt:*

Addition

Addieren mit zwei Zahlen

Rechne.

6 + 3 =	1 + 5 =	6 + 0 =
1 + 9 =	3 + 4 =	3 + 6 =
2 + 8 =	1 + 6 =	3 + 7 =
6 + 4 =	4 + 5 =	7 + 3 =
2 + 7 =	8 + 1 =	0 + 9 =
1 + 3 =	3 + 3 =	2 + 4 =

Erledigt am: ______________________

So hat's geklappt: 

Addition

Addieren mit zwei Zahlen

Rechne.

0 + 3 =	2 + 5 =	1 + 8 =
9 + 0 =	10 + 0 =	8 + 0 =
6 + 1 =	4 + 4 =	6 + 3 =
5 + 3 =	5 + 5 =	7 + 1 =
3 + 0 =	0 + 8 =	4 + 0 =
2 + 6 =	1 + 3 =	2 + 1 =

Erledigt am: ______________________

So hat's geklappt: 

Addition

Addieren mit Zahlenmauern

51 **Rechne.**

Ich rechne: 6 + 2 = 8

8	
6	2

3	1

8	0

7	1

5	2

9	1

2	2

3	4

Erledigt am: ____________________ *So hat's geklappt:*

Addition

Addieren mit Zahlenmauern

52 **Rechne.**

Ich rechne:
2 + 2 = 4
2 + 3 = 5
4 + 5 = 9

9		
4	5	
2	2	3

4	2	1

3	2	3

3	2	0

1	2	1

6	0	4

Erledigt am: ____________________ *So hat's geklappt:*

Addition

Addieren mit drei Zahlen

Rechne.

2 + 1 + 4 = ☐
1 + 2 + 5 = ☐
1 + 9 + 0 = ☐
4 + 2 + 3 = ☐
3 + 1 + 5 = ☐
2 + 7 + 1 = ☐

6 + 1 + 3 = ☐
3 + 0 + 6 = ☐
4 + 4 + 1 = ☐
6 + 1 + 3 = ☐
0 + 1 + 7 = ☐
1 + 4 + 4 = ☐

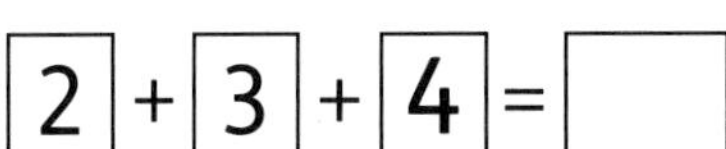

2 + 3 + 4 = ☐
7 + 0 + 2 = ☐
2 + 3 + 5 = ☐
4 + 2 + 2 = ☐

Erledigt am: ____________________

So hat's geklappt: 

Addition

Addieren mit drei Zahlen

Rechne.

3 + 1 + 4 = ☐
3 + 2 + 5 = ☐
1 + 8 + 0 = ☐
4 + 3 + 3 = ☐
3 + 1 + 4 = ☐
2 + 6 + 1 = ☐

5 + 1 + 3 = ☐
2 + 0 + 6 = ☐
3 + 4 + 1 = ☐
5 + 1 + 3 = ☐
0 + 1 + 8 = ☐
1 + 2 + 4 = ☐

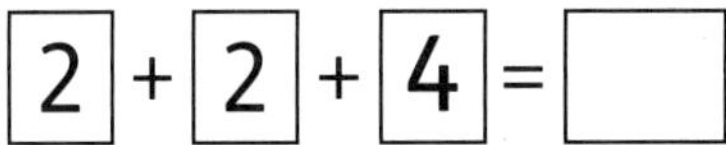

2 + 2 + 4 = ☐
6 + 0 + 2 = ☐
2 + 3 + 4 = ☐
4 + 1 + 2 = ☐

Erledigt am: ____________________

So hat's geklappt: 

Addition

Addieren mit Zahlenrädern

55 Rechne von innen nach außen.

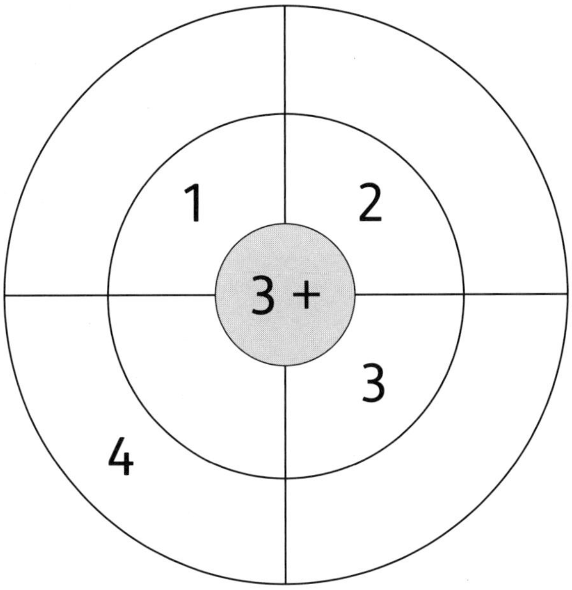

3 +

1 2

3

4

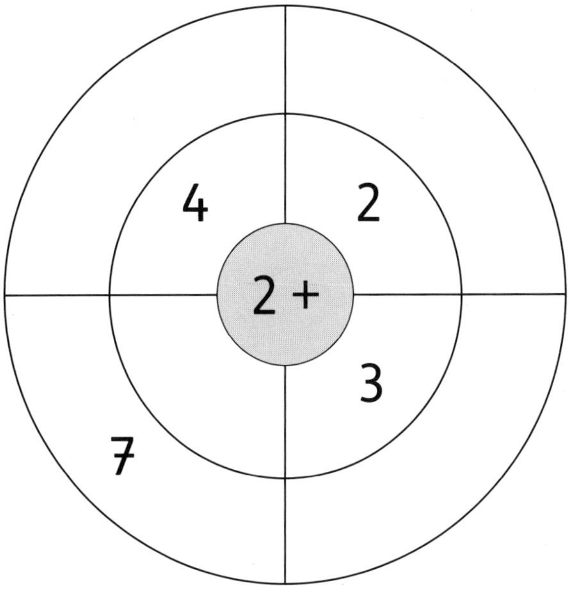

2 +

4 2

3

7

Erledigt am: ______________________

So hat's geklappt:

Addition

Addieren mit Zahlenrädern

56 Rechne von innen nach außen.

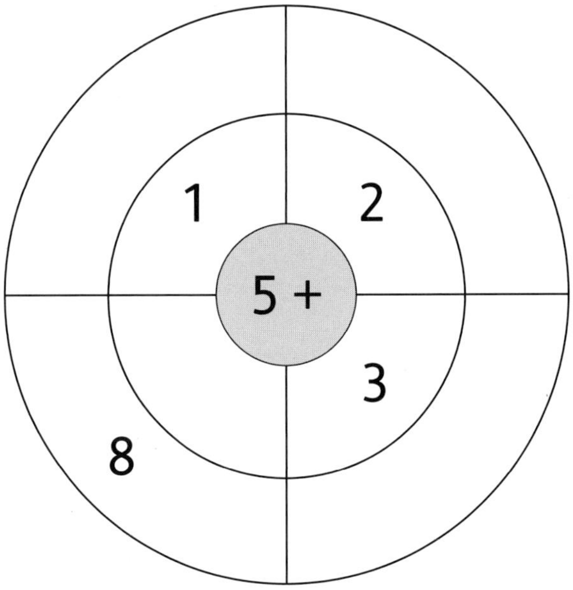

5 +

1 2

3

8

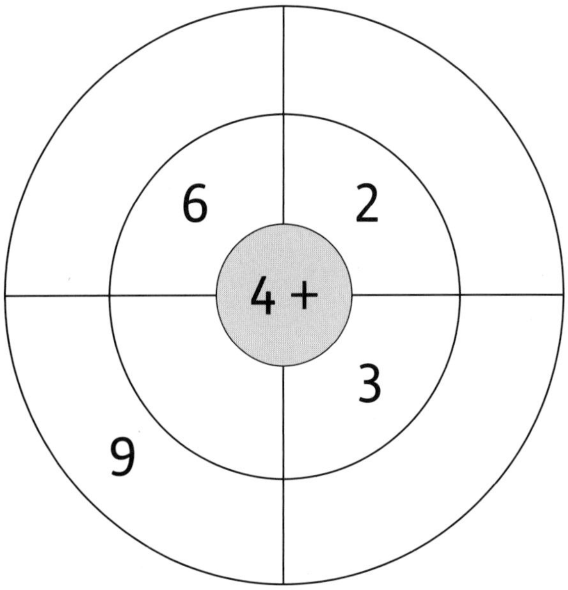

4 +

6 2

3

9

Erledigt am: ______________________

So hat's geklappt:

Subtrahieren mit Bildern

57 **Rechne.**

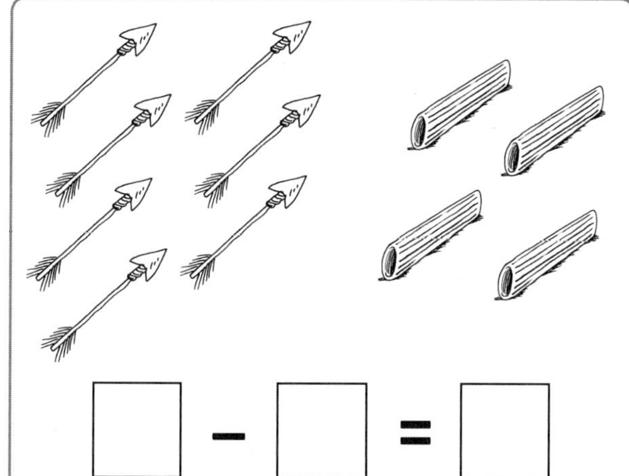

☐ – ☐ = ☐

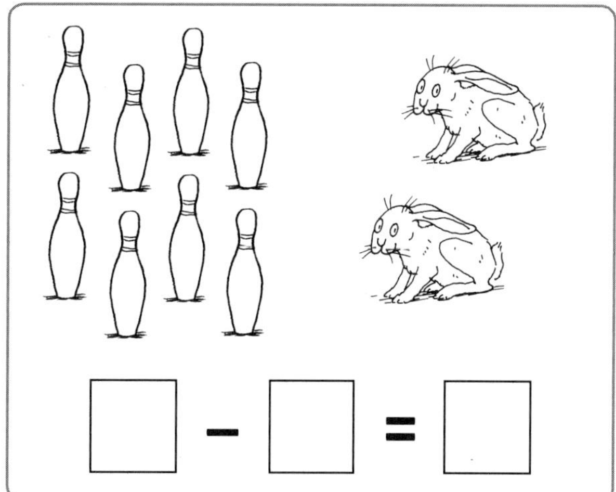

☐ – ☐ = ☐

Erledigt am: ______________________

So hat's geklappt:

Subtraktion

Subtrahieren mit Bildern

58 **Rechne.**

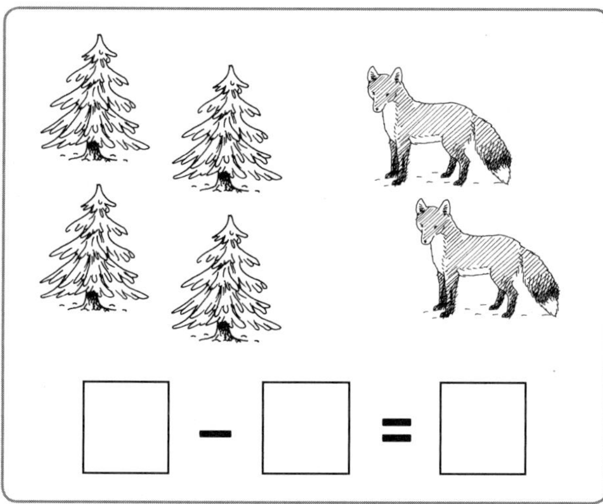

☐ – ☐ = ☐

☐ – ☐ = ☐

Erledigt am: ______________________

So hat's geklappt:

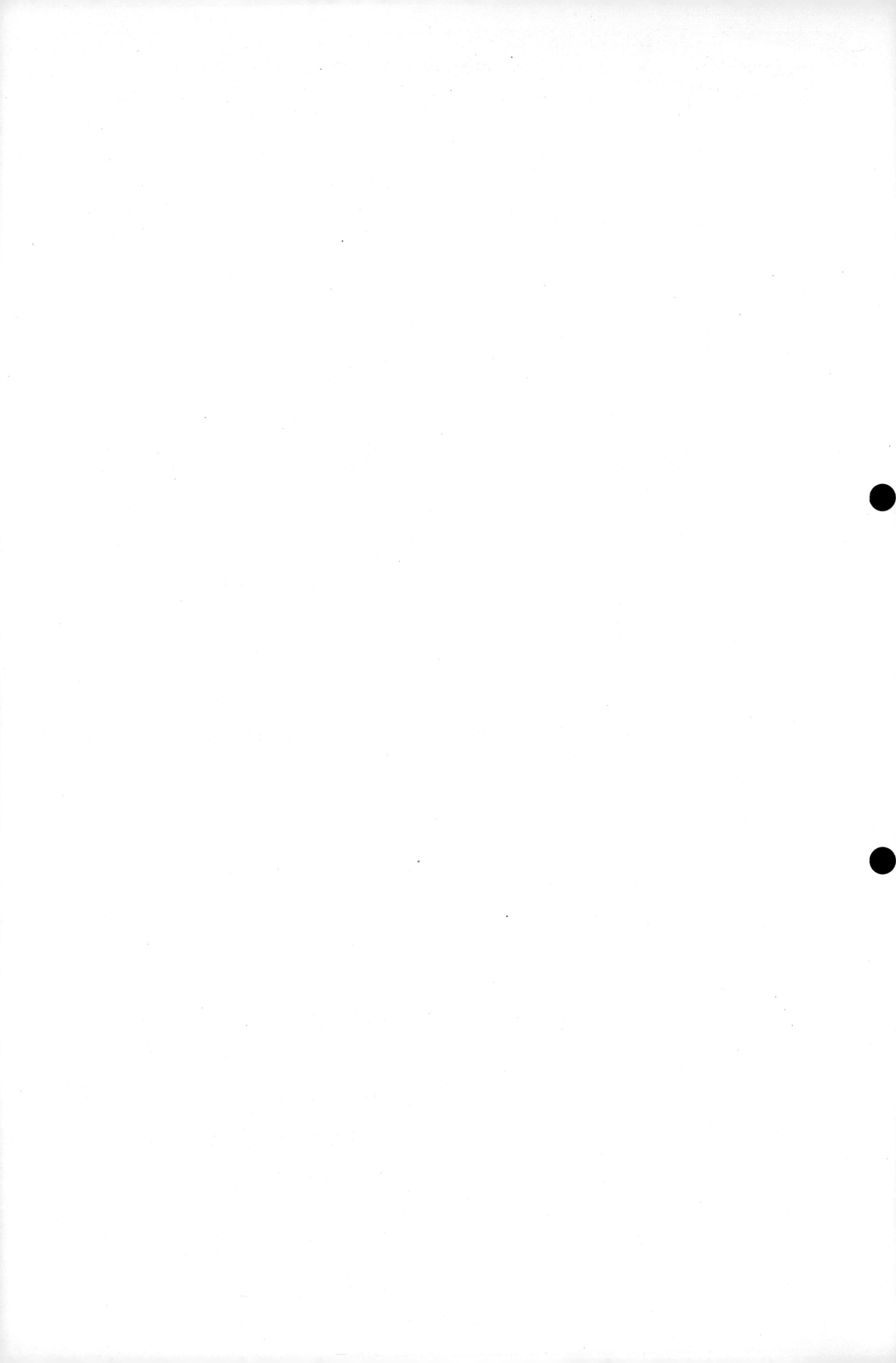

Subtraktion

Subtrahieren mit dem Zehnerfeld

59 **Rechne.**

6 – 2 = ☐

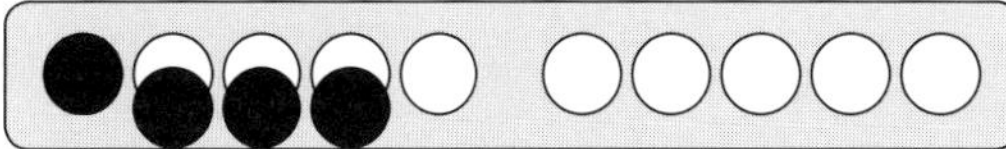

4 – 3 = ☐

8 – 2 = ☐

4 – 4 = ☐

5 – 2 = ☐

10 – 3 = ☐

Erledigt am: ____________________

So hat's geklappt:

Subtraktion

Subtrahieren mit dem Zehnerfeld

60 **Rechne.**

9 – 2 = ☐

5 – 3 = ☐

7 – 2 = ☐

3 – 3 = ☐

5 – 4 = ☐

8 – 5 = ☐

Erledigt am: ____________________

So hat's geklappt:

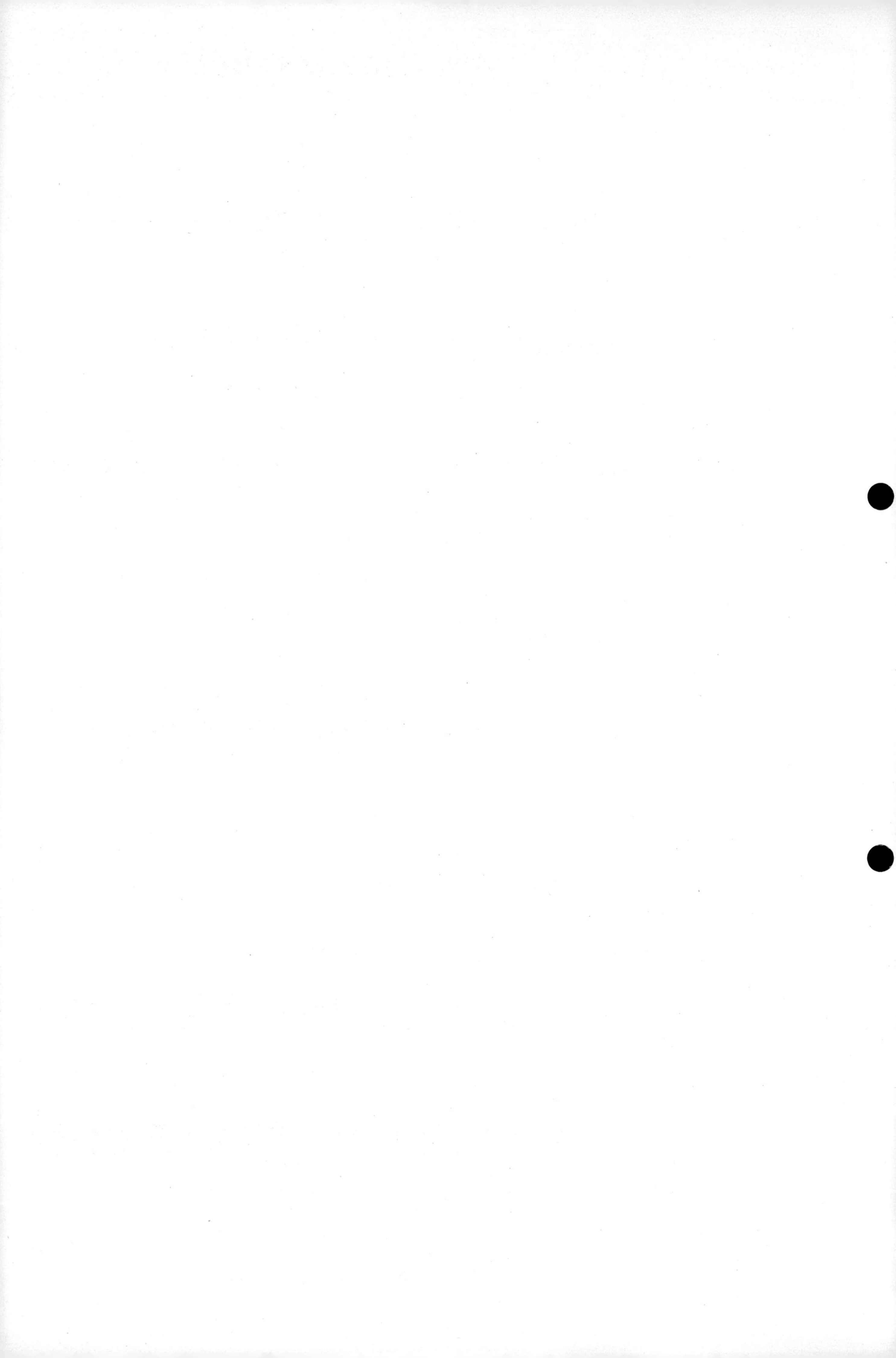

Subtraktion

Subtrahieren mit zwei Zahlen

 **Rechne.**

8 – 2 =	9 – 2 =	5 – 1 =
7 – 0 =	5 – 2 =	3 – 1 =
5 – 4 =	6 – 4 =	6 – 3 =
2 – 2 =	5 – 3 =	7 – 2 =
4 – 2 =	7 – 6 =	7 – 4 =
6 – 3 =	4 – 0 =	8 – 8 =

Erledigt am: ____________________ *So hat's geklappt:* 

Subtraktion

Subtrahieren mit zwei Zahlen

 **Rechne.**

8 – 5 =	9 – 4 =	5 – 4 =
7 – 7 =	5 – 5 =	3 – 1 =
5 – 3 =	6 – 3 =	7 – 1 =
2 – 2 =	5 – 2 =	7 – 5 =
4 – 1 =	7 – 3 =	10 – 4 =
6 – 0 =	4 – 2 =	10 – 8 =

Erledigt am: ____________________ *So hat's geklappt:*

Subtraktion

Subtrahieren mit zwei Zahlen

63 **Rechne.**

7 – 1 =
9 – 6 =
5 – 3 =

4 – 2 =
8 – 5 =
9 – 5 =

8 – 4 =
5 – 4 =
6 – 4 =

7 – 5 =
7 – 0 =
5 – 1 =

5 – 2 =
9 – 7 =
9 – 0 =

3 – 0 =
2 – 2 =
10 – 6 =

Erledigt am: ____________________

So hat's geklappt: 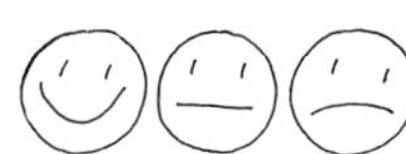

Subtraktion

Subtrahieren mit zwei Zahlen

64 **Rechne.**

8 – 5 =
4 – 4 =
8 – 3 =

9 – 3 =
7 – 4 =
6 – 3 =

9 – 4 =
10 – 1 =
8 – 7 =

6 – 5 =
10 – 0 =
3 – 1 =

3 – 2 =
6 – 4 =
8 – 2 =

10 – 10 =
9 – 7 =
2 – 1 =

Erledigt am: ____________________

So hat's geklappt:

Subtrahieren mit drei Zahlen

 65 **Rechne.**

8 - 2 - 4 =	4 - 2 - 0 =	9 - 2 - 6 =
7 - 3 - 3 =	10 - 5 - 4 =	8 - 3 - 4 =
6 - 4 - 2 =	9 - 4 - 3 =	5 - 3 - 2 =
7 - 5 - 1 =	7 - 1 - 2 =	4 - 2 - 1 =
8 - 2 - 4 =	7 - 3 - 2 =	
5 - 0 - 3 =	3 - 0 - 2 =	

Erledigt am: ____________________

So hat's geklappt: 

Subtraktion

Subtrahieren mit drei Zahlen

 66 **Rechne.**

8 - 3 - 4 =	4 - 1 - 0 =	9 - 2 - 5 =
6 - 3 - 3 =	10 - 6 - 4 =	8 - 2 - 4 =
7 - 4 - 2 =	9 - 3 - 3 =	5 - 0 - 2 =
8 - 5 - 1 =	7 - 2 - 2 =	4 - 1 - 1 =
8 - 3 - 4 =	7 - 4 - 2 =	
5 - 1 - 3 =	3 - 0 - 1 =	

Erledigt am: ____________________

So hat's geklappt: 

Rechenhäuser

Rechne.

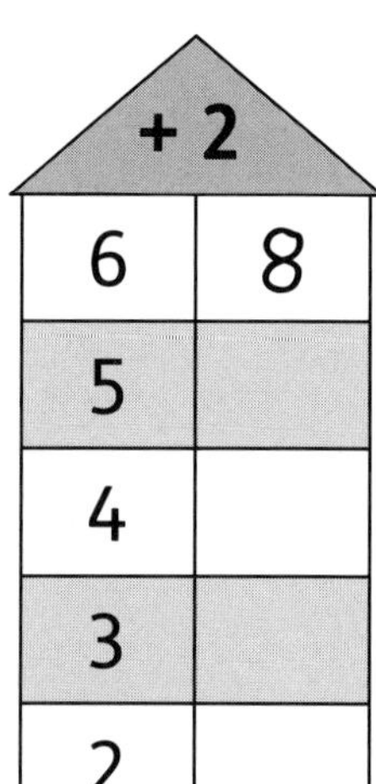

+ 2	
6	8
5	
4	
3	
2	

+ 3	
6	
5	
4	
3	
2	

− 4	
10	
9	
8	
7	
6	

− 3	
9	
8	
7	
6	
5	

+ 4	
1	
2	
3	
4	
5	

Erledigt am: ______________________ *So hat's geklappt:*   

Gemischte Aufgaben

Rechenhäuser

Rechne.

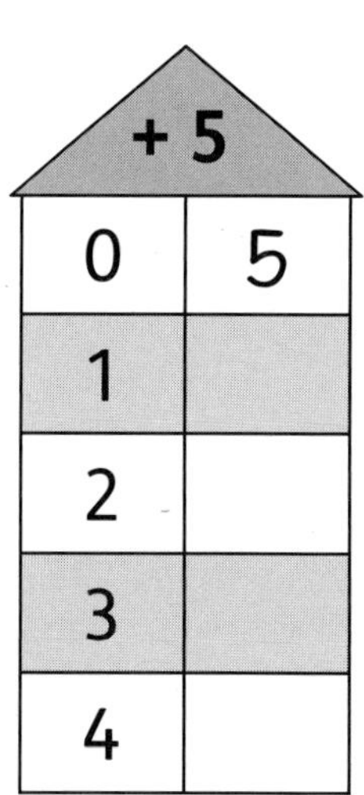

+ 5	
0	5
1	
2	
3	
4	

+ 1	
5	
6	
7	
8	
9	

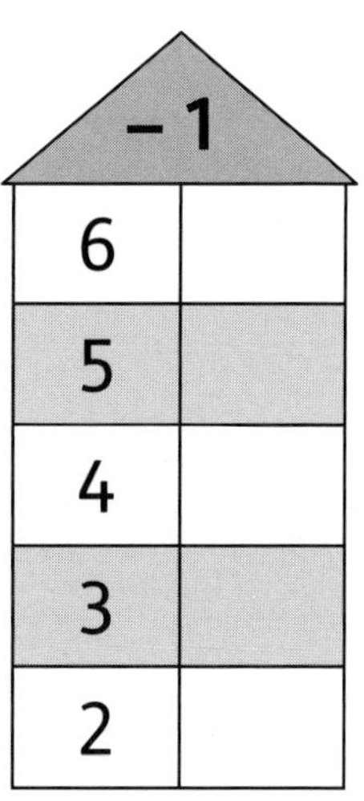

− 1	
6	
5	
4	
3	
2	

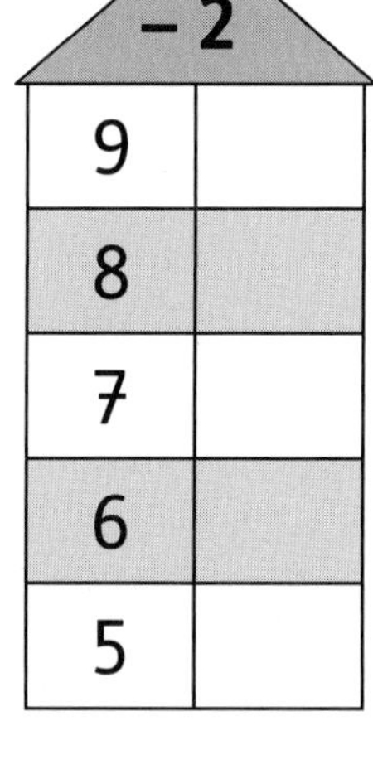

− 2	
9	
8	
7	
6	
5	

− 5	
10	
9	
8	
7	
6	

Erledigt am: ______________________ *So hat's geklappt:* 

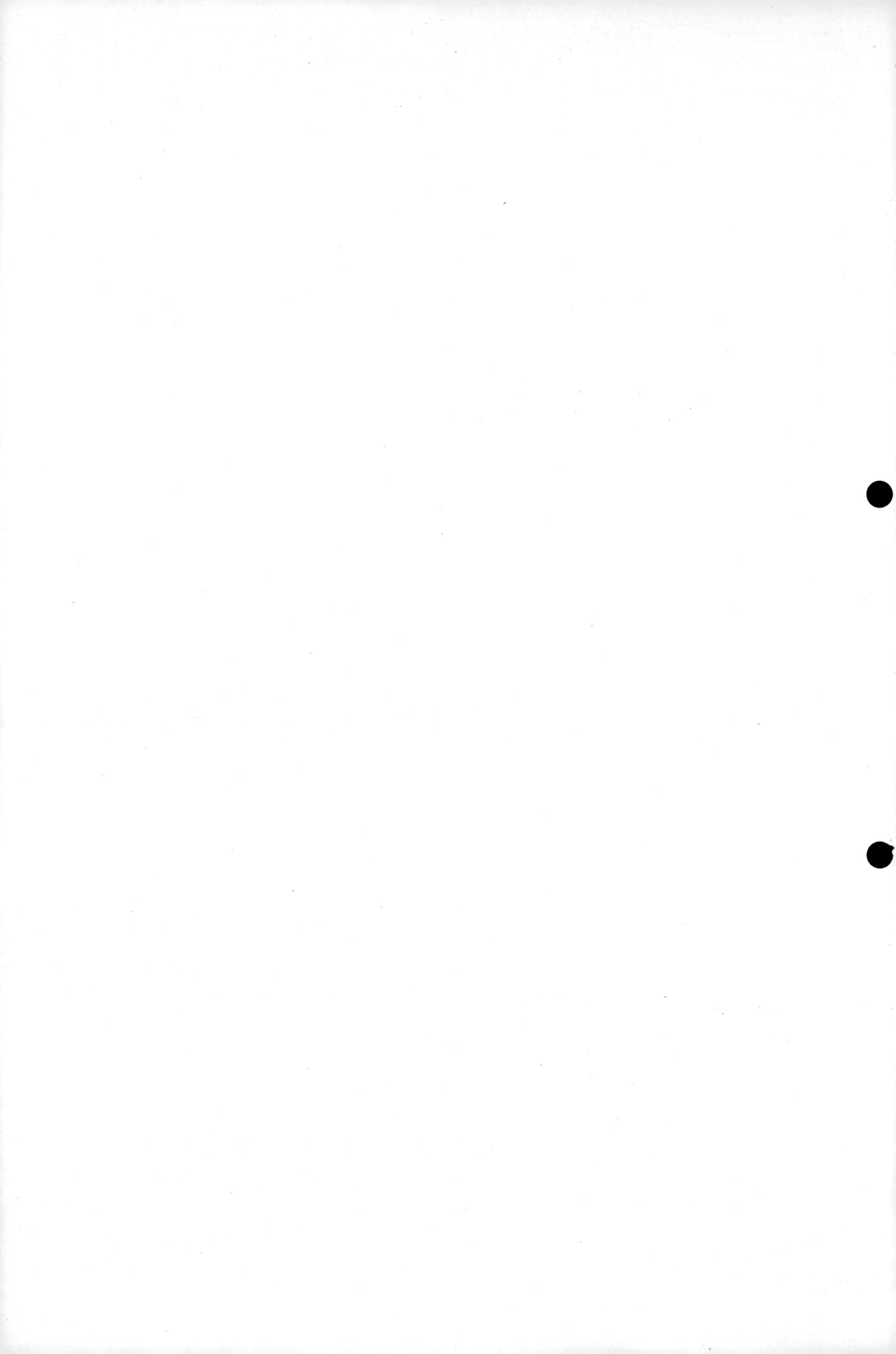

Gemischte Aufgaben

Umkehraufgaben

Rechne.

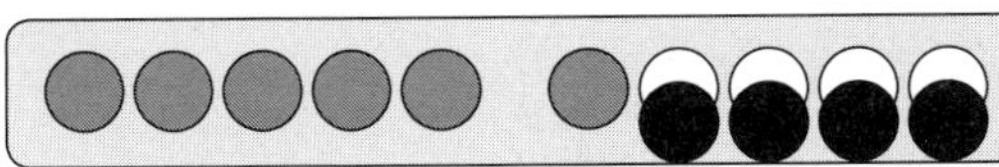

6 + 4 = 10

10 − 4 = 6

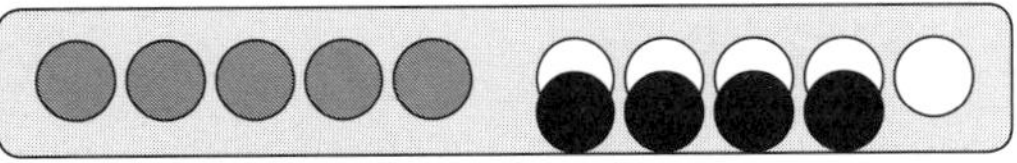

5 + 4 = ___

___ − 4 = ___

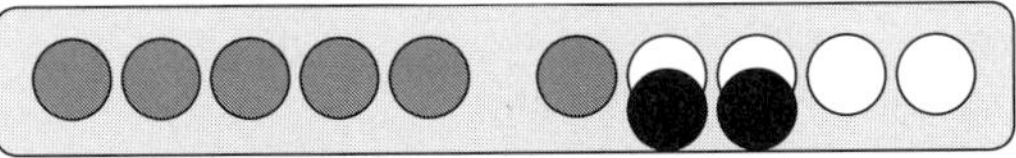

6 + 2 = ___

___ − 2 = ___

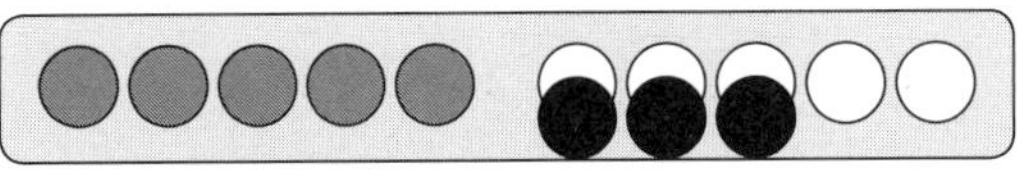

5 + 3 = ___

___ − 3 = ___

Erledigt am: ______________________

So hat's geklappt:

Gemischte Aufgaben

Umkehraufgaben

Rechne.

3 + 4 = 7

7 − 4 = 3

2 + 4 = ___

___ − 4 = ___

8 + 2 = ___

___ − 2 = ___

7 + 3 = ___

___ − 3 = ___

Erledigt am: ______________________

So hat's geklappt:

Gemischte Aufgaben

Umkehraufgaben

Rechne und bilde auch die Umkehraufgabe.

7 + 2 = 9 ✕ 9 − 2 = 7

4 + 3 = ☐ ✕ ☐ − ☐ = ☐

8 + 2 = ☐ ✕ ☐ − ☐ = ☐

2 + 3 = ☐ ✕ ☐ − ☐ = ☐

4 + 2 = ☐ ✕ ☐ − ☐ = ☐

5 + 2 = ☐ ✕ ☐ − ☐ = ☐

Erledigt am: ____________________ *So hat's geklappt:*

Gemischte Aufgaben

Umkehraufgaben

Rechne und bilde auch die Umkehraufgabe.

6 − 2 = 4 ✕ 4 + 2 = 6

4 − 3 = ☐ ✕ ☐ + ☐ = ☐

8 − 2 = ☐ ✕ ☐ + ☐ = ☐

2 − 3 = ☐ ✕ ☐ + ☐ = ☐

5 − 2 = ☐ ✕ ☐ + ☐ = 6

10 − 3 = ☐ ✕ ☐ + ☐ = ☐

Erledigt am: ____________________ *So hat's geklappt:*

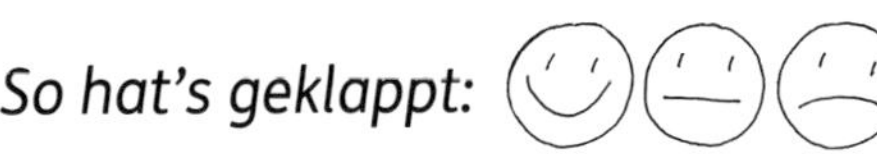

Gemischte Aufgaben

Rechen-Malbilder

Rechne und male an. 5 = rot 8 = gelb 4 = weiß 9 = schwarz

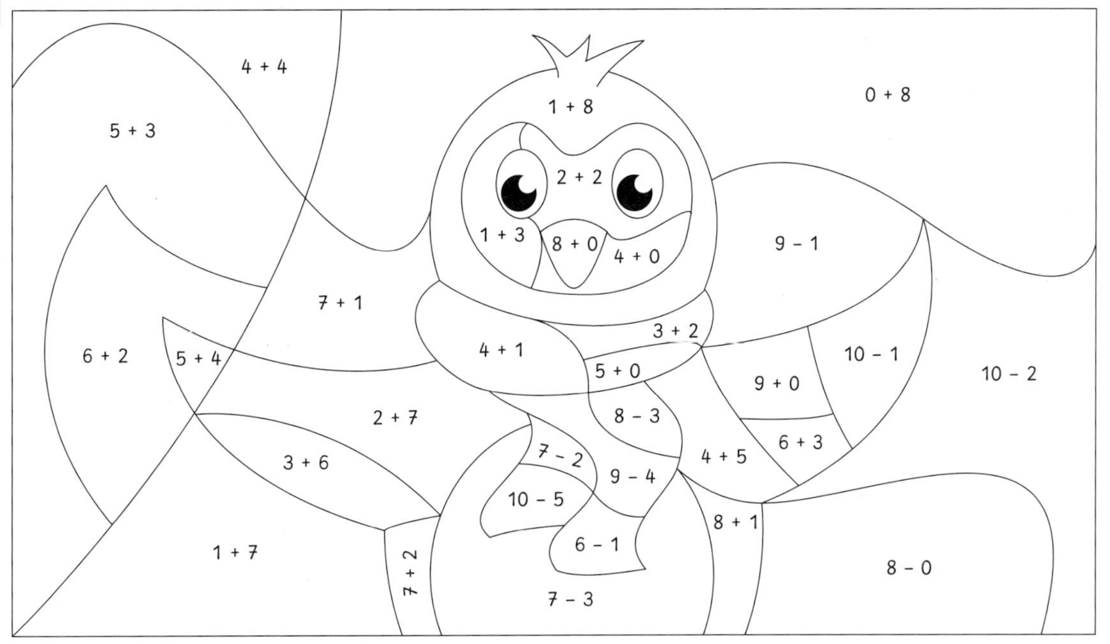

Erledigt am: ____________________ *So hat's geklappt:*

Gemischte Aufgaben

Rechen-Malbilder

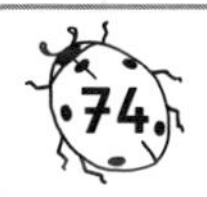

Rechne und male an. 6 = rot 8 = gelb 4 = grün 7 = grau

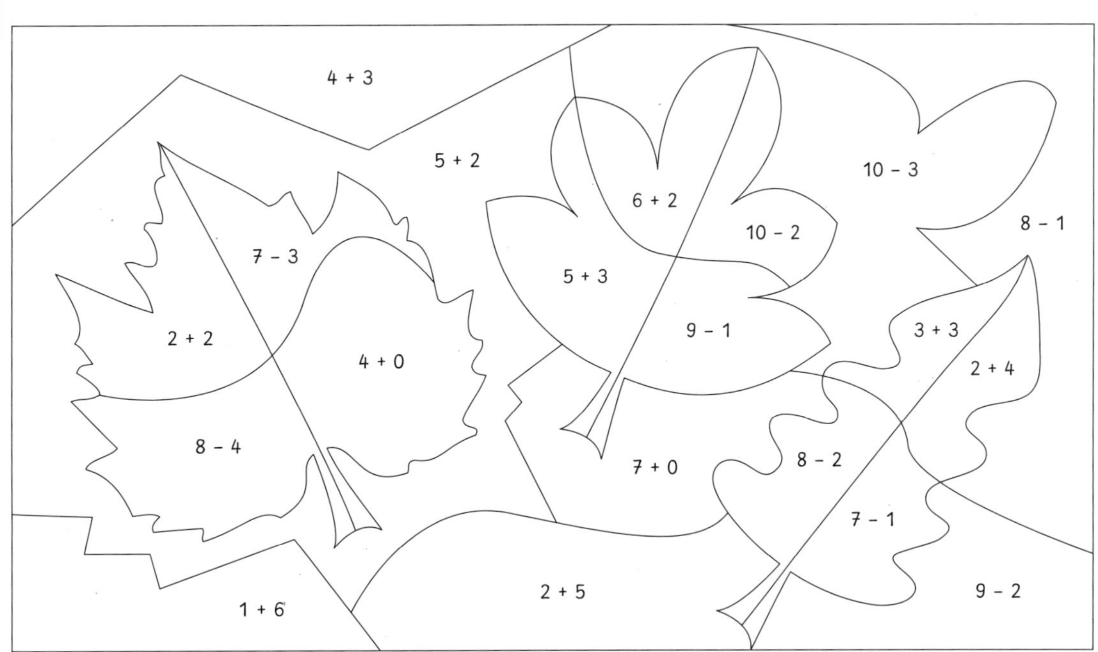

Erledigt am: ____________________ *So hat's geklappt:*

Rechen-Malbilder

Rechne und male an. 2 = orange 4 = gelb 7 = grün 9 = blau

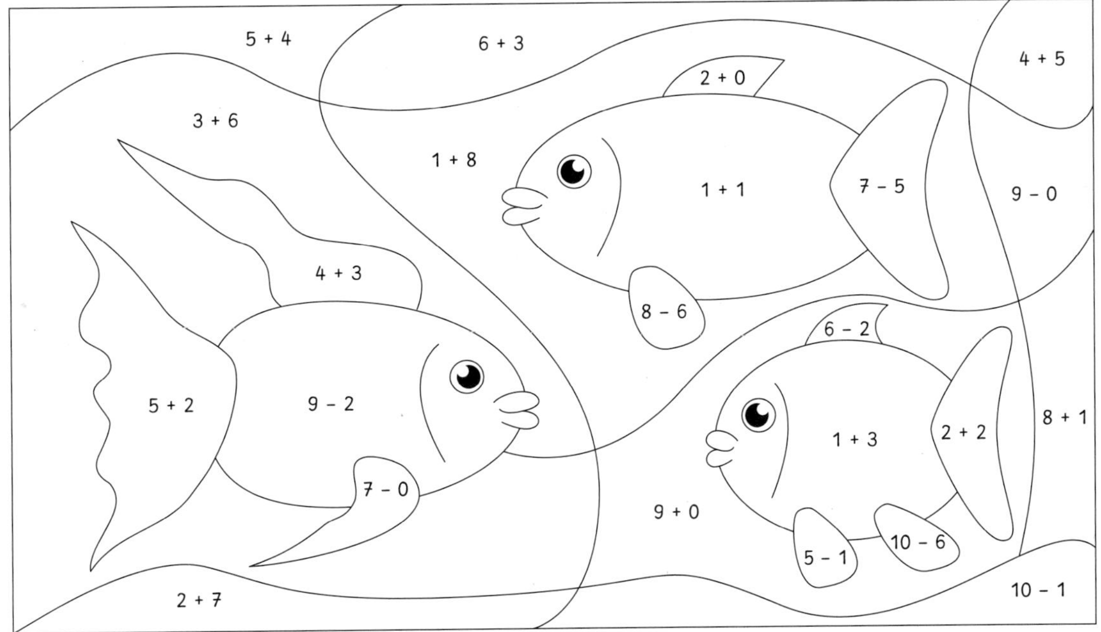

Erledigt am: ____________________

So hat's geklappt:

Rechen-Malbilder

Rechne und male an. 7 = rot 5 = grün 10 = braun 6 = blau

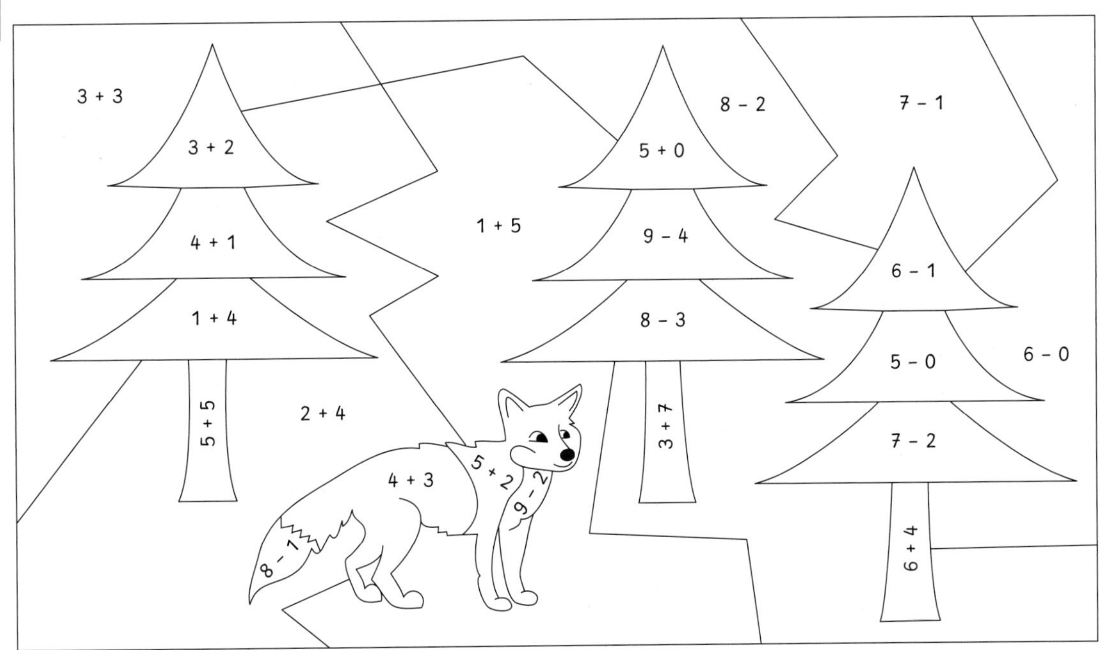

Erledigt am: ____________________

So hat's geklappt:

Gemischte Aufgaben

Erst zur 10 und dann weiter

77 **Rechne und male an.**

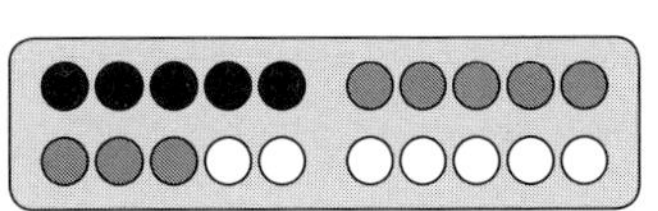

5 + 8 = 13

5 + 5 + 3 = 13

7 + 5 = ☐

7 + 3 + 2 = ☐

6 + 6 = ☐

6 + 4 + 2 = ☐

4 + 8 = ☐

4 + 6 + 2 = ☐

8 + 3 = ☐

8 + 2 + 1 = ☐

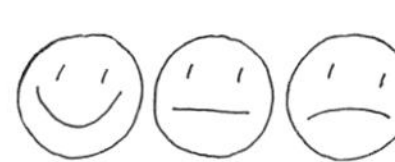

Erledigt am: ____________________ *So hat's geklappt:*

Gemischte Aufgaben

Erst zur 10 und dann weiter

78 **Rechne und male an.**

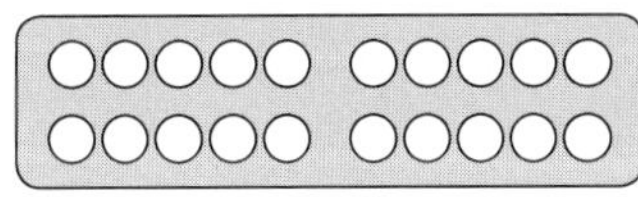

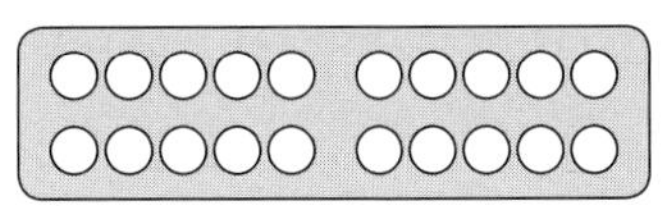

5 + 7 = ☐

5 + ☐ + ☐ = ☐

9 + 6 = ☐

9 + ☐ + ☐ = ☐

7 + 6 = ☐

7 + ☐ + ☐ = ☐

8 + 8 = ☐

8 + ☐ + ☐ = ☐

4 + 9 = ☐

4 + ☐ + ☐ = ☐

Erledigt am: ____________________ *So hat's geklappt:*

Arbeitsplan

Hier kannst du markieren, welche Aufgaben du schon bearbeitet hast.
Male die Bilder an, wenn du die Aufgaben erledigt hast.

1	2	3	4	5	6
7	8	9	10	11	12
13	14	15	16	17	18
19	20	21	22	23	24
25	26	27	28	28	30
31	32	33	34	35	36
37	38	39	40	41	42
43	44	45	46	47	48
49	50	51	52	53	54
55	56	57	58	59	60
61	62	63	64	65	66
67	68	69	70	71	72
73	74	75	76	77	78